ニューヨークで学んだ「人生を楽しむ」121のヒント

エリカ
Erica

宝島社

はじめに

「毎日元気に輝きながら生きたい」
しかし、いつも心が重く、自分にエンジンがかからないということはありませんか？
楽しいことはたくさんあっても、なぜか心から楽しめなかったり、将来が心配で元気が出ない……。

これは、未来に不安を感じているということですが、未来に希望を持って生きるか、不安に感じて生きるかで、人生は１８０度違ってきます。不安な気持ちは、いつもあなたの足を引っ張ります。

未来への不安は、プレゼントの中身に不安を感じることと同じです。あなたはプレゼントのリボンをほどくとき、ワクワクドキドキしますよね？　未来も同じです。自分の人生がこの先どうなっていくのかを考えるのは、最高にエキサイティングなことです。不安でやるせない気持ちになることではありません。

自分の未来は自分で創るものです。どんな人生になるかは自分次第。まだ何も始まっていないうちから、ため息をついて不安になるのではなく、「楽しむ」ことで幸せを引き寄せていきましょう。人、チャンス、幸運は、人生を楽しんでいる人に集まってきます。

私はニューヨークに住みはじめて、何があっても毎日楽しく生きる意識を持つ大切さに気づきました。ニューヨークには、自分を信じて生きている人がたくさんいます。自分を真の大人に成長させることで、不安よりも大切なことが視えてくるのですね。言葉を変えると、「不安は大切なことではない」と理解することができます。

大切なこと、楽しいことを考える時間を増やし、漠然とした不安なことは考えないように意識しましょう。これが確立できると、自分軸がしっかり立ち、周囲に振りまわされない自分に変わっていけます。ニューヨークの人たちが凛としている秘密はここにあります。

物事はなんでもとらえ方次第です。

たとえば、一生シングルかもしれないと悩むよりも、シングルでも幸せで楽しい生き方を考えるほうがポジティブです。こんな仕事はつまらないと将来を悲観するよりも、キャリアアップに向けてのスキルを磨くほうが、自分の気持ちは確実にイキイキします。あなたは、自分自身の力で楽しくないことを「楽しい」に変えることができるのです！

本書に、ニューヨークが私に教えてくれた、たくさんの「人生を楽しむヒント」をまとめました。今を楽しみ、未来にワクワクして生きていきましょう！

Contents

一章 自分の魅力を最大限に生かすためのヒント

二章 かっこいい生き方を楽しむためのヒント

三章 なりたい自分になるためのヒント

四章 仕事とプライベートのバランスを取るためのヒント

五章 収入が少なくてもリッチに過ごすためのヒント

六章 充実した大人の恋愛を楽しむためのヒント

七章 有意義な人間関係を築くためのヒント

八章 真の大人になるためのヒント

九章 壁にぶつかってもしなやかに生きるためのヒント

デザイン　原てるみ、坂本真理（mill design studio）
DTP　茂呂田剛（エムアンドケイ）
本文写真　エリカ
イラスト　alma

一章

自分の魅力を最大限に生かすためのヒント

CHARM

「自分の魅力」を知っている人は、
美しい輝きを放っています。
この章で、内側から光り輝く
「自分だけの魅力」を見つけてください。

Tip 1

魅力とは見た目ではない

「落としましたよ」

これが友人でモデルのアドリアーナとの出会いでした。

その日、打ち合わせの時間に遅れそうな私は、周囲の人をどんどん追い抜くスピードで歩いていましたが、私のうしろに気配を感じていました。「この人も相当急いでいるんだな」と無意識に考えながら、その人を引き離す勢いで歩いていました。すると、その気配が突然しゃべったのです。「えっ、私？」と振り向くと、ニューヨークのファッションモデルのオーラに包まれた女性がニッコリ微笑みながら立っていました。私は「なんてチャーミングな人なんだろう」と瞬時に心が惹《ひ》きつけられました。

その理由は彼女の美貌ではなく、５本で１００円程度のさえないボールペンを拾って追いかけてくれた優しさやフレンドリーな部分にでした。そしてそのとき、魅力とは見た目ではないことに気づいたのです。

魅力とは人間性です。見た目のキレイさや若さは魅力の一つになるかもしれません。しかしそれらは、時の経過や状況の変化で変わりゆくものです。一方、人間性はその人自身を表す、永遠に変わらない部分です。優しさ・思いやり・素朴さ・フレンドリーさ、責任感の強さ、忍耐力など、他にもたくさんのことが浮かび上がります。

自分には魅力が足りないと、悩んだり焦ったりすることはないのです。魅力はあなたのなかにすでにたくさんあります。**「他人の視線」を意識した見た目磨きに力を入れるよりも、「他人の心」に響く人間性を磨きましょう。**

私はアドリアーナが拾ってくれたボールペンを受け取りながら、とっさにカバンのなかにあった自社製品のサンプルをお礼に渡しました。すると翌朝、彼女から感想メールが届いたのです。私はツンツンした美しいモデルさんとはまったく違う彼女の素朴さや礼儀正しさに魅力を感じ、それから交流が始まりました。

出会いの一瞬でいつまでも相手の心に残るのは「人間的魅力」、つまりあなたらしさなのですね。

Tip 2

「愛らしいしぐさ」は年を取らない

ぶりっこじゃないのに可愛い人。男っぽくてかっこいいけれど女を感じさせる人。ご高齢でも愛らしい人。その理由は「しぐさ」にあります。しぐさの素敵な人は、同性異性に関係なく、強力磁石のように人を惹きつけます。

ではここで、誰でも簡単に身につけることができる、二つの愛らしいしぐさをご紹介します。

- **交差させる**
- **胸元から両手で差し出す**

「交差させる」とは、右にあるものを取るときは左手を使う、左にあるものを取るときは右手を使うということです。たとえば、右の額の汗を右手に持ったハンカチでぬぐうと「男っぽい」印象になります。左手に持ったハンカチでぬぐうと「愛らしい、女っぽい」印象になります。本屋さんで棚から本を取るとき、右手で取るか、左手で取るか、本の位置によって愛らしくなったり、男っぽくなったりするわけですね。

「胸元から両手で差し出す」は、誰かに何かを手渡すときのしぐさです。

たとえば、「その紙取って」と言われたとき、あなたはどうしていますか?

右手で取って、そのまま右手を伸ばして「はい」と渡すよりも、紙を持つ右手を一旦胸元中央に引き寄せて、左手を添えた両手で「はいどうぞ」と中央から前に差し出すほうが「愛らしい」のです。誰かに物を渡すときは、必ず両手で胸元中央から前に出しましょう。

「愛らしいしぐさ」は朽ち果てません。何歳になっても愛らしくいられます。そして、あなたの品格や育ちの良さをも感じさせます。

Tip 3 この世にたったひとりの自分を好きになる

あなたは自分のことが好きですか？

・夢や目標に向けて、頑張っている自分が好き
・何があっても、乗り越えようとポジティブにとらえる自分が好き
・何事も諦めずに粘り強く、コツコツ努力を続ける自分が好き

自分のことが好きだと、毎日が楽しくなります。試練に見舞われたり壁が立ちはだかっても、元気に乗り越えていくことができます。**もし、あなたが「こんな自分は好きじゃない」と思うなら、「どんな自分だったら好きか」を書き出してみましょう。**
そして、そんな自分になる努力をしましょう。変わりたければ、変わりましょう。

自分のことを好きになるということは、自分を信じることです。

自分を信じるということは、強くなることです。

強くなるということは、人生の壁を乗り越えていけるということです。

強い人が自分を信じられるのではなく、自分を信じることで強い人になっていけるのですね！

Tip 4 自分らしく輝くには

自分に嘘はつかない。これが鉄則です。

もし他人から認められたくて、イヤイヤやっていることがあればやめましょう。

たとえば、本当はヨガは嫌いだけれど、「健康的なライフスタイルの人」として高く評価されるし、ヨガウエアを着てヨガマットを抱えているだけで輝いて見える。だからヨガに通っているとしたら、今すぐやめましょう。

あなたが本当に好きなことに大切な時間を費やしましょう。そこにあなたらしい輝きは宿っていきます。他人の輝きや世間からの評価を気にして、自分をねじ曲げるのはやめましょう。

あなたが輝くのは、そこにあなたらしさがあるからです。

Tip 5 「わくわく極秘ノート」を作る

私は毎朝、お気に入りのマグカップでコーヒーを飲むのが好きですが、陶器のマグカップはすぐに冷めてしまうのが難です。そんな冬のある日、デスクの上に並ぶ二つのカップに目が留まりました。一つはスターバックスで買ってきたふたつきの紙コップ。もう一つはマグカップ。ぼんやり見ていたら、ハッと気づいたのです。このスターバックスのプラスチックのふたをマグカップにのせたらどうなる？　早速試してみると、サイズがぴったり。しかもマグカップのコーヒーが冷めないではないですか。ふたをすればいつまでもホットコーヒー。思わず「I am a genius!（私って天才！）」とつぶやきました。

実は、私はこんなつぶやきを綴る「Genius!（ジーニアス）」というタイトルのノートを作っています。小さな発見や気づきを書いておくと、将来のビジネスに役立てたり、夢は大きく、もしかしたら特許のアイディアになるかもしれません。何がどこでどうつながるか、今はわからなくても、いずれ視えてくるかもしれません。発明とは日常生活のなかからの気づきがほとんどです。ハッとした気づきには、大きな資産価値があるかもしれません。そう考えるとワクワクしますよね。

日常生活で「こんなものがあったらいいな」とか、「ここが改良されていれば使いやすいのに」といった気づきや発見を綴る、「わくわく極秘ノート」を作りましょう。

アップルストアには製品の修理や問題解決をしてくれる「ジーニアスバー」がありますす。他社の「カスタマーサポートセンター」と同じ位置づけのセクションでも、名前が違えば存在感がまったく違います。ネーミングは重要ですよね。「わくわく極秘ノート」には夢が膨らむような名前をつけ、輝く未来につなげていきましょう。

Tip 6 誰も気づかないあなたのコンプレックス

大なり小なり誰にでもあるコンプレックス。「自分のここが嫌い」という深い悩みですが、これさえなければ自分はもっと輝けるのにと感じている人もいるでしょう。**実は自分を悩ますコンプレックスは、「えっ！ そんなことで悩んでたの？」というほど、他人にとっては気づかない小さなことです。**自分ではすごく気になっていても、他人はなんとも思っていないものなのですね。

友人のニッキーはドイツ人で、パールのような白い肌の持ち主です。美白志向の人にとっては、羨ましいほどの美肌ですが、ニッキーは露出を避けていました。真夏のニューヨーク、多くの人がサマードレスやショートパンツを楽しむ季節でさえ、肌を覆い隠していました。そんな夏のある日、道を歩いてるだけで真っ黒に日焼けしてしまう私を見つめながら、「エリカの褐色の肌は本当にキレイで羨ましい」とつぶやいたのです。

彼女が肌を出さない理由は、「白すぎて恥ずかしい」でした。私にとっては憧れの羨ましい部分が、なんと彼女にとっては最大のコンプレックスなのでした。

Tip 7 コンプレックスを克服して前に出よう

「もっとここがこうだったらいいのに……」、鏡を見るたびに気になる自分のパーツ。過去の出来事がトラウマとなっていたり、誰かに指摘されたりなど、いつまでも悩んでしまう理由はいろいろあるでしょう。しかし、自分が気にしなければ、どうってことないのがコンプレックスです。**特に他人と比較してコンプレックスに感じているとしたら、他人を見ない、比較しない。これで解決です！**

他人と比較しだしたら、海外に生きている私はコンプレックスの塊になってしまうでしょう。目が小さい、鼻が低い、脚が短い、胸が小さい、英語が下手などなど、あげればきりがありません。しかし、私は他人と比較して甲乙をつけることは、なんの意味も持たないことを知っているので、コンプレックスに感じたことはありません。ニューヨークで生きる美しい人たちがそうなように、私も「これが私」なんだからと、堂々と胸を張って生きています。また、**気になる部分を克服する方法はいくらでもあるのですよね。**

私はニッキーにコンプレックスを克服してほしいと思い、日焼けサロンの日焼けスプレーという方法を提案しました。1週間程度しか楽しめない一時的な着色ですが、同じような悩みを抱えている人や、撮影などでその日に褐色の肌が必要な人などに人気があります。彼女は日焼けスプレーで、生まれて初めての褐色の肌を手に入れました。そして、たったこれだけのことで彼女のコンプレックスは解消されました。

〈コンプレックスを克服する方法〉

①気にしない

②誰も気にしていないことに気づく

③克服する方法を探し、実行する

もし実行するのにお金がかかるとしたら、少しずつ貯金を始めましょう。目標のある貯金は気持ちを前向きにしてくれます。たとえば歯並びや歯の色など、歯に関するコンプレックスを抱えている人も多くいます。コンプレックス解消に向けて準備に入ることで美しい口元が想像でき、沈んだ気持ちがパーッと明るくなりますよ。

コンプレックスに「悩む自分」から、「克服する自分」に気持ちを切り替えていきましょう。心の持ち方、とらえ方次第で深い悩みから抜け出せます。

Tip 8 本当の自分を印象づける

本当の私はそんなタイプじゃないのに……と勘違いに戸惑うことってありますよね。たとえば、本当は「活発」なのに「おとなしい」と思われてしまった。その理由は、機関銃のように途切れることなく話す人たちのなかで、発言のチャンスを逃していただけなのに、「口数の少ないおとなしい人」という印象を抱かれてしまった。

このように本当の自分と、他人が持つ印象が大きくずれていることで、素の自分が出しにくい、出せなくなってしまったということがあります。

おとなしいと思われている自分が、突然おしゃべりになったら、「今まで猫かぶりだったの?」と誤解を受けるかもしれない。どう振る舞えばいいかがわからないまま、相手の印象に合わせた自分を演じ続けてしまう。そしてそのうち、本当にそんな人になってしまうこともあります。

大切なのは、他人が思う自分の印象に引っ張られないことです。特にネガティブな印象は払いのけて、本当の自分を出していきましょう。

「おとなしい」とは、静かで落ち着きがあるともとらえられますが、自信がない人ともとらえることができます。これはちょっぴりネガティブな印象ですよね。

もし自分の印象があなたの本質とずれていると感じたら、自分らしさをアピールしていきましょう。本当の自分を知ってもらうことは「類は友を呼ぶ」にも大きく関係し、素敵な出会いにもつながっていきますよ。

Tip 9

「名刺や肩書き」よりも大切なこと

日本とアメリカの文化の違いの一つに「名刺交換」があります。日本では初対面同士は「名刺交換」から挨拶や交流が始まりますよね。名刺は自分が何者かを示す非常に重要なものであり、会社名や肩書きが名刺に箔《はく》をつけ、自分にも箔をつけてくれる。あの会社に就職したい本当の理由は、あの会社の名刺を持ちたいから。友人知人に、まるで「水戸黄門の印籠」のように突き出してみたいと、密かに考えているという人もいるのではないでしょうか。

一方、アメリカは少し違います。名刺は「単なる連絡先を記載したもの」という位置づけで、最後に渡すか、聞かれて渡す、場合によっては渡さないこともあります。名刺の社名や肩書きを見て「ホホー」と一目置いてもらってから本題に入るということはありません。極端に言うと、名刺は「絵に描いた餅」、どうにでも書けるという認識です。重要なのは「名刺」よりも「その人自身」とされています。

友人のジェームスの自己紹介を聞いたとき、これがアメリカという国なのかと心底感心したことを思い出します。マーケティングのセミナーの後、10名程度の輪のなかで的確な感想を話す男性がいました。誰もが彼の話に惹き込まれていますが、彼が誰なのかは誰も知りません。彼は話の終わりに「ところで僕はジェームスです。お会いできて光栄です」とだけ言って去っていきました。どこの会社に勤める、どんな肩書きの人かはわからずとも、「あの人はきっとすごい人に違いない」と誰もが確信しました。

その人を輝かせるのに、名刺や肩書きなど必要ありません。大切なのは中身、自分は何を考え、どう語るかという部分です。自分を持っている人というのは、立っているだけで、そこにいるだけで存在感があり、輝いているものです。

すごい名刺を持ち、人に名乗れる何者かになりたい。何者でもない私は人に名乗れないと考えるのは間違っています。名刺や肩書きで自分に箔をつけ、周囲に認めてもらいたいと考えるよりも、「絵に描いた餅」なんて必要ない人を目指していきましょう。どこに勤めていても、何をしていても、自分をしっかり持っている人は輝いています。

Tip 10 自分のキーワードを持つ

あなたは、自分を象徴する言葉を持っていますか？

たとえば私は、「強く美しく、男よりも男前に生きる女」という自分のキーワードを持っています。本のプロフィールや自己紹介などにも使っています。

しおれた花みたいに元気を失ったときに、「私は強く美しく、男よりも男前に生きる女だ」と思い出せば、活が入り背筋がピンと伸びます。自分を取り戻すおまじない効果もあるのですね。

自分のキーワードは、自分を表現した言葉にかぎらず、こんな人になりたい、こんな生き方をしたいという言葉でもいいですよ。自分を端的にまとめた言葉は、自己紹介にも使えるので非常に役立ちます！

Tip 11

得意なことを増やす

自分のことを堂々と話す文化のアメリカでは、自分の得意なことを話題にすることがよくあります。日本的に考えると、「その程度で得意と言える?」と感じることも多々あります。たとえば、料理が得意と言うからには、シェフ並みの腕前かと思いきや、単に目玉焼きが作れる程度だったりします。

私は「得意と上手は違う」ことをニューヨークの人々との小さな会話のなかから学びました。得意は自己判断であり、自信があることです。上手は他人の評価です。これらを総合すると、**得意なことは下手でもいい、上手でなくてもいいのです**。人との比較ではなく、自分が得意だと思うことを増やすことで「自信」が増えていくのですね。

たとえばマラソンが好きで得意。速くは走れないけれど、運動のなかでは一番得意だと言える。旬のメイクアップを取り入れるのが得意。自分に似合うかどうかは別問題だけれど、「今年の秋の口紅はこの色！」という旬な情報をいつも持っている。

得意なことが多いと話題も豊富になり、「私もマラソンしています」といったように、共通の趣味や得技で結ばれた人間関係が築きやすくなり、お友達も増えていきます。

Tip 12 他人よりも「自分に期待」する

幸せな人生は自分で創っていくものです。独身・既婚、みな同じです。自分を幸せにしてもらおうと、誰かに期待するよりも、自分に期待して頑張るほうが、自分の描く幸せを実現できます。期待はずれなことが起きても自己責任だと素直に受け入れられ、また頑張ろうとやる気がモリモリ湧いてくるでしょう。

しかし、もし他人に期待していたら、「期待を裏切られた」気持ちが芽生えてしまいます。「期待した自分がバカだった」と自分を責め続けることになるかもしれません。

自分の人生、他人に期待せず自分に期待するのが一番です！

Tip 13

受動的ではなく、能動的に生きる

誰かが何かをしてくれるのを待ってしまうことはありませんか？

たとえば休みの日、誰からもお誘いがなく、いつもひとりぼっち。私と出かけても楽しくないからだと卑屈に考え、落ち込んでしまう。

こんな状況を抜け出すのは簡単です。「受け身の生き方」を「行動を起こす生き方」に変えたらいいのです。**誘いを待たずに、自分から誘いましょう。断られることを恐れてはダメです。その理由を深読みするのもダメです。**断られたら他の人を誘うか、自分ひとりで楽しいお出かけを企画しましょう。落ち込む必要なんてありません。

もう待つのはやめましょう。自分から行動しましょう。

「誘ってもらった」「誘ってもらえなかった」と結果を相手に委ねるのではなく、「誘った」「誘わなかった」という結果を自分で出していきましょう。

行動力のある女って素敵です。

Tip 14

クローゼットでとなえる呪文

今日は目立っていいのか、目立たないほうがいいのか。集まるメンバーや会の趣旨を考えながら、クローゼットの前で呆然とすることってありますよね。

服は山ほどあるのに、着る服が決められない。時間は刻々と迫り、気持ちは焦る。「そんなときは控えめの装いを選んだほうがいい。目立つよりも、目立たないほうが波風が立たず無難だ」と考える人もいるでしょう。

ここで考えるべきことは「波風」ではなく「TPO（時間・場所・目的）」です。たとえば、平日の午後（時間）に、友人宅（場所）で、お誕生日会（目的）だったら、昼間なので肌を出しすぎない洗練されたカジュアルです。ジャージー素材の袖付ワンピースに、アクセサリーで華やかさをプラスするなどいいですよね。

TPOにふさわしい装いであれば、お洒落に他人への遠慮は無用です。誰がどう思う、こう思うといった他人目線を気にすることはありません。いつも自分が主役だと思って装いを選びましょう。

この「主役」とは、決して華美にゴージャスに一番目立つようにという意味ではありません。あなたが思う自分を最高に輝かせてくれる装いを選ぶという意味です。

たとえば、白いTシャツにジーンズのシンプルな装いでも、あなたに似合いすぎていれば周囲はやきもちを焼くかもしれません。どんなに控えめな装いを選んでも、似合っていれば波風が立つこともあります。

クローゼットの前に立ったとき、「主役は私」と呪文をとなえましょう。この呪文は装いに悩む時間をセーブし、あなたを最高に輝かせてくれます!

Tip 15 人生、波に乗っていく

「よーし。もっと頑張って、もっと輝いてみせる!」

そう決意し、自分をピカピカに磨けば磨くほど、周囲がザワザワとどよめき、荒波

が発生してしまう。それはまるで、「この波に溺れてもがき苦しみなさい」というメッセージのよう……。「こんな辛い思いをするくらいなら、くすんでいたほうが人生楽に生きていけるのかもしれない。輝くことで嫉妬やねたみを引き寄せるのなら、やめておこう」。

もし、あなたがこのように感じているとしたら、それは間違いです。

人生に荒波はつきものです。あなたの輝きに嫉妬して襲ってくる荒波だけではなく、ありとあらゆる荒波があなたを目がけて押し寄せます。でも、恐れる必要はありません。

荒波が押し寄せたら、その上に乗ればいいのです。荒波に飲み込まれない自分になればいいのです。「キター!」と思ったら、波の上にヒョイッと乗っちゃう姿をいつもイメージしておきましょう。波から落っこちても大丈夫です。また次の波で上に乗ればいいのです。

「人生、波に乗ってます」とは、「いい波+荒波」全部の波のことなのですよね。

二章

かっこいい生き方を楽しむためのヒント

COOL

自立していて、決断力があり、自由闊達《かったつ》で
他人の目線を気にせず颯爽《さっそう》と街を歩く
ニューヨークの女性たちから学んだ「かっこいい」の定義。
人生を充実させ、気持ち良く生きる秘訣です。

Tip 16

ハンサムウーマンを目指す

うっとり見とれるほどキレイな女性が、その外見を鼻にかけたところがまったくなく、気持ちいいほどサバサバし、論理的で決断力に優れている。アメリカで男女の心をわしづかみにする女性はこんなタイプ、いわゆるハンサムウーマンです。

男女平等の国アメリカには、「男は男らしく、女は女らしく」という言葉は存在しません。仕事において性別は関係なく対等です。一方日本では、女性は男性のサポート的な役割意識がまだ根強く残っているように感じます。女性が頑張ると、「でしゃばり」のように思われたり、「引っ込みなさい」とガンガン叩《たた》かれたりする。また、このような経験がトラウマとなり、男性に快く思われないのではないかといつも不安で、能力が発揮できないという人もいるのではないでしょうか。

このような状況を克服するには、アメリカ的に性差のない自分になることです。男らしさを身につけた女になることです。相手に自分が女であることを悟らせる隙を見せない。女として見られたと感じたら、男らしさを前面に出し、目くらましをしましょう。

自分を甘く見る相手を変えるには、辛《から》さを出すことです。たとえば相手が「このタコスは甘い」と言うのなら、辛いと感じるまでタバスコを足しましょう。

Tip 17 女が身につけたい8つの男らしさ

1. 論理的である
2. 決断力がある
3. 群れない
4. さっぱりしている
5. 包容力がある

6. 統率力がある
7. ゆるぎない信念がある
8. 断る力がある

これらを自分にプラスすると、本当の意味で「強く美しい女」、つまりハンサムウーマンになれます。仕事の場にかぎらず、人生のあらゆる局面で自分を支える力になりますよ。

Tip 18 「断る」ことに罪悪感を抱かない

女性が苦手なことの一つに「断る」ことがあります。男性は執着心のないさっぱりした生き物なので、サラッと断るのが上手で尾を引きません。しかし女性は、本来の優しさや弱さが邪魔をしてしまいます。

たとえば、欲しくもない商品を勧められている。長時間話を聞いてしまったし、試着もしてしまったし、今さら買わないとは言いにくい雰囲気になった。断りたいけれど断れない……。

このような経験は、大なり小なり誰にでもあるのではないでしょうか？

購買を決めるのはあなたです。今は必要ないと感じたら、勇気を持って断りましょう。断ることに罪悪感を持つのは間違っています。

・もう少し考えます
・私には似合いませんでした
・欲しい商品とは違います

短い言葉で結論をサラッと伝えましょう。断るときに多くを語る必要はありません。

日常生活のなかで行きたくない飲み会に誘われたり、身の危険を感じる場所に誘われたりした場合は、きっぱり「今日はやめておきます」と断れる人になりましょう。

自分が抜けては悪いから、という優しい思考は不要です。自分が一番大切であること、忘れないでくださいね。

・嫌なことは「嫌だ」と言う
・やめてほしいことは「やめて」と言う
・引き受けられないことは「無理だ」と言う

断りにくい雰囲気、相手が怖い、申し訳なくて言えないと感じても、きっぱり言える人になりましょう。

「断る力」は自分のために必ず身につけましょう。

「No」と言うことを恐れてはダメです。「No」と言えた自分を褒めましょう！

Tip 19 認められたい症候群から抜け出す

「他人に認めてもらいたい」という願望を抱く人は多くいます。これは人間が持つ欲求の一つなのかもしれません。しかし、この願望は、「なぜ自分は頑張るのか」の矛先を間違った方向に向けてしまいます。
頑張るのは、自分のためではなく、他人から認められるためになってしまいます。

ここで気づいてほしい重要なことは、人はそれぞれ基準が違うということです。十人いれば十人とも違う基準を持っています。たとえば、「どんな髪型が好きですか?」と質問したら、十通りの回答が返ってくるでしょう。

すべての人たちに認められたいと考えることは、「他人の基準に振りまわされる」ということなのです。**認められたい症候群は、自分を見失う結果を招きます**。自分の好きな髪型はどうでもいい、他人が好きな髪型にする、となっていくのですね。

「他人に認められることで自分の価値が上がる」と考えるのは、間違っています。
どんなときも大切なのは、他人の評価ではなく自分の評価です。自分で自分を認め、自分の価値は自分で上げていくものです。

Tip 20 「あと3年で○○歳」の意識は消去する

生きていれば毎年増えるのが年齢です。「3年後、私は○○歳になる。自分を大切に、毎日丁寧に生きていこう」と感謝したくなることであるにもかかわらず、なぜか絶望的な気持ちになったりしていませんか？

ニューヨークの女性たちは、年齢に対して悲観的な考えを持ちません。「年齢は単なる数字」というサラッとした考えです。**ため息をつくとしたら、自分の年齢にではなく、自分の成長に対してです**。

たとえば、「私はあと3年で○○歳なのに、まだ恋人がいない」という考え方ではなく、「私は婚活を頑張っているけれど、まだ運命の人に巡り会っていない」です。

年齢で自分や状況をはかることをしません。

もしあなたが、年齢を重ねることが怖いと感じるならば、怖がる必要などありません。**3年後に、「年を重ねることは、何かを失うことではなかった」と気づくはずです。**

不安は今すぐ払いのけ、3年後の自分に出会えることを楽しみに、自己成長を意識して過ごしていきましょう。こんな人になっていたい、こんな資格を取得していたい、素敵な恋人に巡り会っていたい。3年後の自分に憂鬱な気持ちを抱くよりも、どんな風に輝いているのかワクワクする気持ちを大切にしましょう。

輝きながら歳を重ねる女に年齢の意識はありません。

Tip 21 夢リストを叶える旅をする

週末の午後、フラッと立ち寄った本屋さんで手にした旅行誌に、心が透き通るほどの青い海が載っていました。この風景をいつか見に行ってみたいと思った私は、そのリゾート地をメモし、自分の夢リストに加えました。

夢リストとは、いわゆる「死ぬまでに叶えたいリスト（bucket list）」のことです。行きたい場所、やりたいこと、食べたいものなど、多岐にわたるリストです。

友人のティファニーの夢リストには、イタリアのシチリア島が舞台の映画『グラン・ブルー』に出てくる崖のレストランに行くことが書かれていました。

映画の公開は1988年、彼女はまだ10代でしたが、いつか大人になったら訪ねてみたいと思っていたそうです。偶然にも『グラン・ブルー』は私も大好きな映画だったので「じゃあ一緒に行こう！」と誘ったら、見事に断られました。彼女の夢リストには「愛する人と一緒にその場所を訪れる」と書かれていたのです。確かに見渡すかぎりの青い海、愛する人とロマンチックな時間を過ごすには最高の場所です。

そんなやり取りをした数年後、彼女はその夢リストをボーイフレンドと一緒に叶えました。旅行から戻った彼女は、左手を私にそーっと差し出しながら、目にうっすら涙を浮かべて微笑みました。彼女の薬指には美しいダイヤモンドが輝いていました。彼はその断崖絶壁のレストランで彼女にプロポーズをしたのです。彼の夢リストには、そのレストランでティファニーにプロポーズすると書かれていたのですね。これこそが映画になりそうなロマンチックストーリーだと私は大興奮しました。

夢リストは幸せを運んできてくれます。どんどんリストを増やしましょう。

Tip 22

自分の夢を他人がどう思うかなんて気にしない

夢は大きくと言うものの、こんな大きな夢を人に語ったら笑われそうだと自分の夢に謙虚になったりしていませんか？ **他人の夢を笑う人は、夢を描いたことも、実現したこともない人です。自分の夢を誰がどう思うかなんて気にせず、大きく描いていきましょう。**

今の時代は、偉人たちが壮大な夢を実現してくれた恩恵をたくさん受けています。たとえば、飛行機、自動車、スマートフォン、ディズニーランドなど、あげればきりがありません。夢を実現してきた人たちは周囲のネガティブな雑音に惑わされず、自分を信じて努力を続けてきました。

「ローマは1日にして成らず」という言葉があります。その意味は、「大事業」は長年の努力なしに成し遂げることはできないということですが、「夢」の実現も同じです。早く結果を出そうと焦らず、コツコツ努力を重ねることがすべてなのですよね。

指揮官はあなたです。自分に号令をかけて自分を動かし、大きな夢に向かって進んでいきましょう。

Tip 23

今夜は自分に手料理を振る舞う

仕事の帰り道、私はマディソンスクエアパークの向かいにあるイータリー(EATALY)というイタリア食材店に立ち寄りました。その日はパスタを作ろうと決めていたので、スパゲッティとチーズ、その他の食材やワインを買って帰りました。

ひとり暮らしだとつい手を抜きがちな食生活、「今夜は自分に手料理を振る舞う日」を設けることで、楽しみながら体質改善ができます。

たとえばひと口サラダであっても、自分で野菜を切ってサラダを作ります。時短に役立つカット野菜は、見た目の鮮度を保つために薬品が使われています。製造から何時間経過してもみずみずしいのには、やはり訳があります。少々時間はかかっても、自分で野菜を切ったほうが体に優しいのです。

質のいい食材で料理し、質のいい食事をすることは、自分のために手間や時間をかける、自分を大切にしているということなのですね。これは、ニューヨークで颯爽と生きる人たちに共通している考え方です。

Tip 24 失敗は取り返しがつく

プルプル、プルプルとキッチンタイマーが鳴りました。私はゆで上がった熱々のパスタをお皿にのせ、赤ワインで煮たお野菜たっぷりのミートソースをパスタの上にかけました。「ひとり暮らしで、自分のためだけに本格的な料理をする女ってかっこいい！」と自分で自分を褒め、パスタのお皿を持ってかっこよく180度振り返ったその瞬間、悲劇が私を襲いました。

なんと、パスタがお皿の上をすべって飛んでいったのです。さっきまで美味しそうにお皿に載っていたパスタは床一面に散乱し、手には空っぽのお皿。今から赤ワインと一緒にディナーを楽しむはずが、オレンジ色に染まった床を掃除するハメになりました。

「しまった！」勢いよく振り向きすぎた。自分の失敗を振り返りながら、再びタイマーをセットしてパスタをゆではじめました。トマトソースが冷蔵庫やあちこちに飛び散っていますが、おかげで部屋中美味しそうな匂いが充満しています。せっせと拭き掃除をしていると、プルプル、プルプルとタイマーが鳴りました。「今度は慎重に」とパスタをお皿に載せ、ミートソースをかけ、さっきは忘れていたバジルを載せて、ゆっくり慎重に方向転換してダイニングテーブルへ運びました。

予定よりも30分遅れのディナーが教えてくれたことは、**「失敗は取り返しがつく」**

です。失敗は経験するほど自分を賢くし、めげない強さを育んでくれます。失敗を恐れず、どんどん失敗していきましょう。そして、失敗の数だけ成長していきましょう。

Tip 25 モチベーションアップは視覚から

友人で弁護士のアレックスのオフィスの待合コーナーは、私のお気に入りです。オールドアメリカンな雰囲気で統一され、コーナーテーブルの上には、大きな地球儀が置かれています。

海外旅行が大好きな彼女は、オフィスにも大きな世界地図を貼っています。多くの弁護士は、卒業証書や有名人との記念写真など、自分のキャリアを証明するものを所狭しと壁にかけていますが、彼女の部屋は世界地図が壁の大半を占めています。

ユニークなのは訪問した都市に赤いピンが刺さっていることです。その赤いピンの意味を知らない顧客は、世界中にクライアントがいる弁護士だと勘違いし、過大評価してくれるそうです。私が初めて大きな世界地図の上の赤いピンを見たときは、てっきり容疑者の潜伏先だと思いました。アレックスにＦＢＩやＣＩＡのドラマを見すぎだと大笑いされたことを思い出します。

アレックスの世界地図を眺めていると、「行ってみたいな〜」という気持ちが「よし、実現できるように頑張ろう！」とパワーアップします。「アレックス、この地図、モチベーションアップにいいね」と言うと、「そうでしょう」とニッコリ笑いました。

気分を上げる方法は人それぞれ。いつも見える場所に置くのもお勧めです。

Tip 26 ひとりで楽しめることを持つ

夕暮れどきのニューヨーク、仕事を終えて家路につく人たちのラッシュアワーが始まるころ、大都会の公園のベンチも混み合います。オフィスを出て、家に帰る前にちょっと一息、公園のベンチでコーヒーを飲みながら本を読んだり、友人にメールを書いたり、誰もが思い思いの時間を過ごしています。グループで群れている人はいません。ほとんどの人が「ひとり時間」を楽しんでいます。

私もそんな風景のなかにいます。ひとりでベンチに座り、街角で買ってきたコーヒーとドーナツをほおばりながら、ピープルウォッチングを楽しみます。こんな時間に、今流行っているものに気づいたり、仕事のアイディアが浮かんできたりします。

ニューヨークの基本はひとり行動です。パートナーのいる人は、カップル単位の行動が常になるからこそ、ひとり行動できる時間は貴重です。

趣味の世界も始まりはひとりです。いつも同じコースをランニングしていたら、顔見知りの人ができ、ランニングサークルの存在を知り、メンバーになった。みんなで一緒に走る日もあれば、今まで通り自分ひとりで走る日もあり、楽しい時間が増えた。

ひとりで何かを始めると、そこには出会いが待っています。最初から「輪」を求めて何かを楽しもうとするのではなく、「個」が「輪」になるイメージです。「個」でも楽しい、「輪」でも楽しい自分になれるのですね。

人とのつながりを求めてではなく、まずは自分の好きなことを見つけて始めてみましょう。これをしていたら楽しいと思うことを見つけて、継続してみましょう。

そこで楽しい人間関係を築くとか、お友達を増やすといった考えは持たず、最初は「個（自分）」が楽しむことにだけフォーカスしましょう。

ひとりでできるスポーツはたくさんあります。たとえば、スポーツジムのクラスに参加するのもいいですよね。「気の合う人がいる、いない」は置いておいて、楽しいかどうか、好きかどうかから入っていきましょう。

お稽古事でなくても、帰りにカフェで一服、公園を散歩、読書、映画、お料理など、ひとりで楽しめることは山ほどあります。そして、ひとりで楽しめる人になれれば、「個」が確立されていきます。自立した人になっていけるのですね。

Tip 27

大好きなことを見つける

その方法はズバリ、固定観念を外すことです。今まで興味がないと思っていたことの中に、好きなことが隠れています。

たとえば私は英語にはまったく興味がありませんでした。正直、大の苦手でした。その理由が今になってようやくわかりました。学校の教室で勉強する「学問」としての英語だったからです。しかしある日、英語は「言語」であり、世界中の人とコミュニケーションが取れると、遅ればせながら気づいた途端、私のハートに火がつきました。大嫌いが大好きに、「勉強したくない」が、「勉強したい」に変わったのです。

大好きなことは、あなたが苦手だと思っていたことのなかにも隠れています。たとえば、読書嫌いで本を読むことがほとんどなかった人が、ある日出合った一冊の本をきっかけに読書が大好きになったということってありますよね。

時の経過のなかで自分は確実に成長し、物事へのとらえ方も以前とは変わっています。苦手だったことが得意になっていたり、嫌いだったものが好きになっていたりします。

今まで興味を抱けなかったこと、三日坊主でやめてしまったこと、続けたいと思いながら継続できなかったことなどを振り返ってみましょう。きっとそのなかに、大好きになれることがあるでしょう。

昨日の嫌いは、今日の好きかもしれません。好きなことに囲まれた暮らしは、心を豊かにしてくれますよ。

Tip 28 自分のルーツを大切にする

私がニューヨークに住みはじめて間もないころ、アメリカ人は自己紹介に自分のルーツをひと言入れる人が多いことに気づきました。

たとえば、「私はアイリッシュジャーマンです。（アイルランド人とドイツ人の血をひいています）」「私はフレンチイタリアンです。（フランス人とイタリア人の血をひいています）」など。

自分はアメリカ生まれのアメリカ人ですが、先祖は○○からの移民なのでルーツは○○人だと挨拶しあう姿を見ながら、自分のルーツを大切にするのはなんて素敵なことなのだろうと胸が熱くなりました。

なぜなら、**ルーツを大切にするということは、自分自身を大切にすることと同じだからです。**


「ルーツ」とは、自分はどこから来た何者かということです。

自分はどこからともなく現れたのではなく、両親がいて誕生し、今があります。

私たちのルーツは、家族や先祖です。たとえば、母の日や父の日に感謝の気持ちを伝えるのは、「お父さん、お母さんありがとう」だけではなく、自分のルーツに感謝することでもあるのですね。


家族の歴史をたどってみましょう。両親や祖父母の歴史をたどることで見えてくる自分のルーツ。壮大な家族の歴史を受け継ぐ自分の使命をも感じることでしょう。

ルーツに感謝できるということは、「自分が自分であることを受け入れる」ということです。自分に自信を持って人生を歩んでいけるということなのですね！

三章

なりたい自分になるためのヒント

MYSELF

何歳になっても「なりたい自分」を
目指して生きるのは素敵ですよね。
漠然とした不安を払いのける方法を身につければ、
いつも心は安定し、夢の実現に向けて頑張れます。

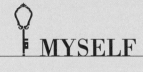

Tip 29

「自分を信じて」理想を実現したすごい人

数年前、大雪でニューヨークの交通機関が止まったことがあります。バスも車も走らない吹雪の街を、私は壊れたパソコンを背負って歩いていました。まさかの天候であっても、修理してくれる先を見つけないことには仕事にならない状況だったのです。大都会がまるでゴーストタウンのように静かで、雪吹雪がゴーゴーと音を立てていました。そんなとき、突然脳裏に浮かんだのが薪《まき》を背負って歩く二宮金次郎でした。「彼も頑張ったのだから、私も頑張れるはず」と妙な日本人同士のつながりに励まされながら、修理店を一軒一軒歩いてまわりました。

二宮金次郎は、幕末の貧しい農家出身で薪を背負って本を読み、苦学の末に武士の身分にまでなり、農地改革に尽力しました。まさに、自分を信じてコツコツ努力を重ねた人です。彼からの学びはたくさんあります。

・時間がないを言い訳にしない
・諦めない
・自分を甘やかさない
・目の前のことを一生懸命やる

私が小学生のころ、校庭に二宮金次郎の銅像がありました。その意味に今ごろ、しかも地球の反対側から気づき、今の時代に生きる私たちに大切なことを伝えてくれているように感じます。

現代のストレス社会では、疲れたときは薪を背から下ろし、自分を休めることも大切です。バランスを上手に取りながら、理想の自分に近づいていきましょう。

Tip 30 ニューヨーク流 成功の法則

高学歴人口が多いニューヨークは、「あら、あなたもハーバードなのね」という声が飛び交う街です。すごい大学、大学院、ビジネススクールを卒業した人たちがたくさんいます。私の友人のジェシカもハーバード・ビジネス・スクールを卒業した起業家で、マーケティング会社のCEOとしてバリバリと働いています。

そんな彼女がある日、「能力よりも行動力が大切」という話をしてくれました。いい大学を卒業していても、行動力のある人と、ない人とではその先がまったく違うというのです。そして、「ニューヨーク流 成功の法則」を教えてくれました。それは、スピード50％、ハードワーク30％、残り20％が学歴、経験、能力などです。スピーディーに一生懸命働けば80％達成ということなのですね！

私は「これなら私の学歴でもニューヨークでやっていけそう」と彼女にニッコリ微笑みました。それ以来、この法則をいつも大切にしています。

Tip 31 「なりたい自分」を見つけるビジョンマップ

ビジョンマップという言葉を聞いたことはありますか？ ビジョン（vision）とは、

目標・夢・志・方向性、マップ（map）は地図です。総合すると、自分の夢や目標を見つける地図のことです。

作り方は非常に簡単です。一枚の紙に、自分の心に響く言葉、風景、スタイルなどを雑誌から切り取ってペタペタ貼るだけです。**ビジョンマップは、自分がどこに向かいたいのか、何になりたいのか、夢や目標は何なのかを教えてくれます。**一日で完成させる必要はありません。心に響くものを見つけたら、切り取って貼りつけていきましょう。

探している答えが見つからないときなどに作ってみると、貼りつけたもののなかから答えやヒントが見つかるかもしれません。そして、作っている時間は最高に楽しいので、モヤモヤした気持ちが吹っ飛びます！

Tip 32

「かっこいい」を基準に選ばない

ＳＮＳで毎朝チェックする気になるあの人の動向。今日もゴージャスなレストランでの写真がアップされていた。先月なんて帯つきの100万円の札束とともに「今月のお給料は2000万円」と書かれていた。私もこんな生活を手にしたい。どうすればこんな人になれるのだろうと、まさか真剣に考えたりしていませんよね？

ＳＮＳには素晴らしい情報もたくさんあれば、「魔」も潜んでいます。目に見えるすべてを本当だと信じると、「魔」が心のすきまに入り込んでくるので注意が必要です。理想や憧れの人を持ち、その人たちを目指すのは素敵なことです。しかし、その理由が「かっこいいライフスタイル」や「お金持ちだから」では、視点がずれています。私もあの人みたいにＳＮＳで優雅なライフスタイルを発信したい、お金持ちをアピールしたいということへの憧れは、「魔」を引き寄せ、あなたが本当に目指すべき人間性や幸せが視えなくなってしまいます。

虚像と実像を見分ける目を持ちましょう。**あなたにいい影響を与えてくれるのは、どんなときも実像で生きている人たちです。**

Tip 33 混乱したら「自分はどうありたいか」を考える

11月の終わりのニューヨーク、ロックフェラー・センターに設置された世界一ロマンチックなクリスマスツリーの足場が外され、点灯式に向けて準備が着々と進められます。ホリデーシーズンの街はいつも以上に賑《にぎ》わい、人々は新年を迎える喜びで満ち溢《あふ》れます。悩み事や不安に感じることがあっても、楽しむときは楽しむのがニューヨーク流です。パーティーの席で暗く落ち込んでいる人はいません。

あなたは、年末が迫るにつれ言いようのない喪失感に襲われたり、未来に不安を感じたりすることがありますか？　その一番の理由は、夢や目標が描けないということではないでしょうか。何のために毎日頑張っているのかわからない、自分は何をしたいのかわからない。「何」の答えがわかっていないから不安を感じるのですね。

そんなときは、「何」はひとまず置いておいて、「自分はどうありたいか」を、まず考えてみましょう。心のあり方、生き方、人生観、仕事など、いろんなことが浮かんでくるはずです。そして、それらを自分なりに整理してみましょう。

たとえば、「自分は優しい人でありたい」とします。人に優しい？　地球に優しい？　これらを突き詰めていくと、どんな仕事が自分に向いているかが見えてきます。社会福祉や医学に関連した仕事、オーガニック製品を取り扱う仕事など、いろんな分野が浮かび上がってきます。「優しさ」につながる仕事を選ぶことで、答えが出せなかった「何がしたい」「何になりたい」ということが、だんだんと視えてくるはずです。また、自分は何をしたいのか、自分はどんな人でありたいのかという答えに結びつきが発生し、自分の未来がうっすらでも視えてくることになります。

「自分はどうありたいか」を考えてみることで、不安が消え、心に安らぎを感じていくことでしょう。ぜひ試してみてください。

Tip 34 人格者になれる9つの素敵な言葉

論語の「君子の九思《きゅうし》」は、君子（人格者）がいつも心がけておきたい言葉です。孔子もこの「九思」で自分を磨いていたそうです。

1. ものを見るときは、はっきりと見る
2. 聞くときは、しっかりと聞く
3. 表情はおだやかに
4. 態度は上品に
5. 言葉は誠実に
6. 仕事には慎重に

7. 疑問があれば質問する
8. 見境なく怒らない
9. 道義に反して利益を追わない

すでに知っていることでも、このように9つまとめて書かれていると心にスーッと入ってきます。

大切なのは読んで終わり、学んで終わりにしないことです。実行しなければ君子にはなれません。言葉の意味を自分の実生活に当てはめながら考えてみましょう。そして経験しながら自分のものとして吸収していきましょう。

たとえば7つ目の「疑問があれば質問する」では、答えを得て終わりにせず、その答えをじっくり考えてみましょう。その答えを自分の人生に活かすつもりでいれば、自分の身になり力となっていきます。

人格者とは、素晴らしい人間性の持ち主のことです。どんなことに対しても、笑顔と温かさを持って接することができる人です。そんな人でありたいですよね。

Tip 35 チャンスの女神はこんな人にやってくる

将来の目標について考えながら、「やっぱり私には無理に決まっている」とネガティブに考えたりしていませんか？

「どうせ私なんて」「私になんかできるはずない」「私なんかになれるはずない」

このように悲観的に考えるのは、「ちょっと待った!!」です。

というのも、自分を低く評価し、やる前から諦め気分の人にチャンスの女神は現れません。チャンスの女神は、準備を整えている人にやってきます。**やりたいことがあるのなら、できない理由を考えたり、数えたりせず、どうすればできるのかを考えましょう。**そして、しっかり計画を練りましょう。

いきなり人生を180度変えようとしたりせず、自分の決意に自信が持てるまで、しっかり準備をしましょう。そうすることで、自分の決断に責任が持てます。

たとえ、一歩踏み出した先が予想以上に厳しくても受け入れることができ、努力を重ねていくことができるのですね。

一歩踏み出せる日が来るよう、準備を整える毎日は、ワクワクして楽しいものです。そしていつも顔を上げていると、チャンスの女神を見過ごしません。ギューッとハグして離さないようにしましょう。

Tip 36 今がそのとき!

自分の決断に自信が持てないということは、誰にでもあるものです。なりたい自分になるために進路を変えたり、大きな一歩を踏み出す瞬間というのは、なおさら躊躇《ちゅうちょ》するものかもしれません。

そんなとき、自分自身に声がけする素敵な英語があります。

「Now or Never!」

「Now」は「今」、「Never」は「決して〜しない」という意味です。この二語をつなげると「今やらないと一生やらずに終わるよ」という意味になり、更に簡単に訳すと「今がそのとき！」という意味です。

誰かにそっと背中を押してほしいと考え、周囲のいろんな人に相談することもあるでしょう。また、本のなかに答えを見つけようとすることもあるかもしれません。しかし、**自分の人生は、自分で決断するからこそ自己責任で歩んでいけます**。きっかけになるものを探すことに時間を費やすよりも、自分に「Now?」それとも「Never?」と問いかけてみましょう。

Tip 37 目の前のことに一生懸命取り組む

学生から厳しい就職戦線を抜けて社会人になり、やっと肩の荷が下りるかと思ったら、更に重圧を感じる日々だということがあります。新しい職場での人間関係に揉まれながら、気持ちは滅入る一方。そして「これが本当に自分のやりたいこと?」「これが本当に自分のなりたかったもの?」と、フツフツと疑問が湧き上がってくることもあるでしょう。

しかし、自分が何をしたいか、何になりたいかはわからない。はっきり言えるのは「コレじゃないのは確かだ」ということ。仕事を辞めたいけれど、辞めてどうしたいのかもわからない。将来の目標が欲しいけれど、どうやって描けばいいのかもわからない。一体私はどうすればいいの〜と叫びたい。

将来の目標が欲しいのなら、今目の前にあることに一生懸命取り組んでみましょう。最初から「やりたいこと」「夢中になれること」に出合えるものではありません。「やりたくない」「夢中になれない」ことを頑張るなかで、視えてくるものなのです。

こんなこと嫌い、楽しくない、疲れる、と中途半端に投げ出してしまうと、永遠に「やりたいこと」「夢中になれること」は見つけられません。

「もしかしてコレ?」というものに出合っても、厳しい局面に出くわしたときに乗り越えられずに、また投げ出してしまうでしょう。これでは何をやっても中途半端に終わる人になってしまいます。

機会はいつも自分の手のなか(今)にあります。たとえやりたいことが「コレ」でなくても、「コレ」を頑張ることで次につながっていくのです。「コレ」を放り投げると次には到達できません。継続が次なる新しい目標につながり、将来自分がしたいと思えることにつながっていきます。

「将来自分は何をやりたいか」を見つけるのは、宝探しのようなものです。ガックリ肩を落とし、憂鬱に探すのではなく、宝はワクワクした気持ちで探しましょう。

そして、宝を見つけるために、継続できる人になりましょう。

Tip 38 瞑想《めいそう》でメンタルを鍛える

ブームというものが起きにくい国アメリカで、数年前「瞑想ブーム」が起きました。スティーブ・ジョブズの回顧録に、彼が瞑想の時間を大切にしていたと書かれていたことがそのブームの発端でした。

瞑想の目的は、冷静に自分を観察することです。ありのままの自分を知ることで、自分がするべきことが視えてくる。これを続けることで自分の軸がしっかりし、メンタルが鍛えられていきます。

今ではスーパーモデルや世界中のビジネスリーダーが瞑想の時間を大切にしています。あなたも目を閉じて、静かにリラックスする時間を持ってみましょう。

いつもスマートフォンから目が離せないという人は、スマートフォンに触れない時間を作りましょう。何も考えずボーっとしているだけでも瞑想になります。

ただ、これが意外にも難しいのです。子供のころは、授業中ボーっとしていたら「コラ!」と怒られたものですが、大人になるとボーっとできない。いろんなことを考えてしまうのですよね。

毎日5分程度の瞑想で、メンタルを鍛えて参りましょう!

Tip 39 価値観は時間とともに変化する

絶対に変わらない価値観もあれば、時間とともに変わる価値観もあります。

たとえば、キャビンアテンダントを目指してチャレンジを続けているとします。時代も変わり、航空業界の採用基準も変わり、こうまでしてチャレンジし続けるだけの価値が自分にとってあるのだろうか、と考えるかもしれません。得意な英会話、コミュニケーション能力、マナー、整った容姿を活かす別の仕事があるのではないかと考え始め、採用試験を受けた海外のテレビ局の日本支局で採用が決まった。今の自分にとっては、この仕事に価値を感じる、ということがあるのですね。

友人のアンナは映画配給会社の日本支社で働いていました。担当は『スパイダーマン』で、映画やライセンス商品すべてを統括していたそうです。大変失礼にも、アンナと『スパイダーマン』がまったく結びつかない私は、「スパイダーマン？　あのスパイダーマン？」と何度も聞き返しました。

彼女は自分の仕事に価値を感じていたのですが、月日が経過するなかで永遠に継続できる資格を活かした仕事に就きたいと感じはじめ、アメリカに帰国しました。

ニューヨークに戻った彼女は不動産取引の資格を取得し、不動産会社に就職しました。今価値を感じる仕事を頑張りながら、毎日幸せに暮らしています。

このように、なりたいものへの価値観が変わることがあります。時代の流れ、社会の変化、自分の成長などによるもので、自然なことですよね。

「一度目指したものは最後まで頑張りなさい」と周囲は言うかもしれません。しかし自分の人生であることを忘れないでください。あなたはいつでもなりたいものを変えることができ、そこを目指してまた一から努力を積み重ねていくことができます。

どんなときも大切なのは、「自分が幸せであること」です。

Tip 40 今さらもう無理なんてことはない

もうこんな年だし、自分を取り巻く環境が昔のように自由ではなくなってしまったからと、「今さらもう遅い」と考えるのは早すぎます。英国の作家、ジョージ・エリオットの素敵な言葉があります。

「なりたかった自分になるのに、遅すぎるということはない」
(It's never too late to be who you might have been.)

諦めないかぎり、夢は永遠に続きます。

四章

仕事とプライベートのバランスを取るためのヒント

WORK

「仕事が忙しくて、プライベートの時間が全然取れない！」

そんな悩みを抱える人は、多いのではないでしょうか。

仕事もプライベートも充実すれば毎日ハッピー！

その秘訣をお教えします。

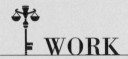

Tip 41 月曜日の憂鬱から抜け出す

一週間が始まる月曜日、久しぶりの通勤で朝から疲労を感じ、できるだけ早く帰宅して体を休めようと考えることはありませんか?

仕事ができる人とできない人の大きな違いの一つに、月曜日の朝の心理状態があります。気重に感じながら出社するか、腕まくりしてやる気満々で出社するかです。仕事ができる人は、月曜日の朝からエネルギッシュで疲労感などありません。新しく始まる一週間をワクワクした気持ちで迎え、通勤電車ではすでに仕事のシミュレーションに取りかかっています。

月曜日の憂鬱は自己暗示です。「一週間、また毎日同じ繰り返しだ」という心境が、自分をネガティブにするのですね。**「毎日同じ」に変化をつけて、楽しい一週間に変えていきましょう。**無気力な自分から、アクティブな自分に変えていくのです!

Tip
42 プライベートを充実させると、仕事が充実する

これは本当です。仕事を充実させるには、プライベートを充実させたらいいのです。しかし、充実した仕事は拘束時間が長く、プライベートな時間を持つ余裕がないと感じる人もいるかもしれません。

ここで一つ大切なことがあります。それは、仕事は拘束時間で決まるのではなく、結果で示すものです。就業時間が定められているかぎりは、その時間内で仕事を終わらせる計画を立て、工夫をしましょう。それを実現するのが充実した仕事であり、あなたの能力の証明です。

家と会社を往復するだけの生活には終止符を打ち、自分を高めることに時間をあてましょう。自己成長のために勉強したり、健康のための運動もいいものです。

プライベートな時間をゴロゴロ過ごしてきた人と、自分を高めることに費やしてきた人とでは、のちのちの人生、何よりも人生の充実感が違ってきます。そして、自己管理能力に大きな差が生じます。この能力はまわりまわって、仕事のできる能力に組み込まれていきます。

プライベートを充実させると、仕事ができる人にもなれるなんてミラクルです！

Tip 43 固定した予定を持つ

たとえば、月曜日はフォトクラス、水曜日はヨガ、木曜日は英会話というように、固定した予定を持ちましょう。毎日フリーな時間ばかりがあると、心が満たされず充実感が持てません。休息時間が長いというのも疲れるものです。予定がないと、なんだかつまらない毎日になってしまうのですね。

お月謝を払う習い事でなくても、月曜日は本屋さんで新刊をチェックする日、水曜日はカフェで本を読む日など、興味があり楽しめる何かしらの固定プランを立てましょう。

嬉《うれ》しいことに、**同じ日に同じ行動をとることは出会いのチャンスにも恵まれます。**「あれ、いつも見かける人だな」という認識から、お互いの共通点を知ることになり、共通性で結ばれたお友達になれるかもしれません。もちろん、異性の場合はそこからデートにつながるかもしれません。

「仕事ばかりで出会いがない」という言葉をよく耳にしますが、「仕事ばかり」の日々に固定した予定を入れることで、状況は変えていけますよ。

Tip 44 どんなに忙しくても習い事は休まない

「今日は忙しいけれど、もし早く終われたら行こう」と習い事の用意をして、朝家を出ることってありますよね。こんなときに大切な思考は、「早く終われたら」ではなく「早く終えて」です。絶対行くんだという強い意志がないと、「まぁ、いーか」となってしまい、ズルズルお休みしてしまうことになります。

仕事は大切ですが、その成り行き次第で定時後の予定を決めるというスタイルを自分で受け入れてしまうと、それが普通になってしまいます。そして、仕事とプライベートのバランスが取れなくなっていきます。

たとえば、水曜日は7時から1時間ヨガ教室があるならば、休まずに行きましょう。その日は遅くまで残業になってしまったら、ヨガの時間は休憩時間とし、その後また職場に戻って続きの仕事に取り組むこともできます。1時間のヨガクラスがリフレッシュになり、予想よりも早く仕事が片づくかもしれません。仕事を終えて行けそうにないのであれば、仕事の途中で行くことも一つの案です。

ニューヨーカーはプライベートな時間を大切にしています。仕事のスケジュールと照らし合わせながら、プライベートも崩さず上手にバランスを取っているのです。たとえば深夜まで仕事が続きそうならば、朝にプライベートの時間を入れます。朝からランニングをしたり、スポーツジムに行ったり、いい汗をかいてから出社する。お昼休みにジムに行く人もたくさんいます。プライベートな時間は何時に持ってきてもいいのですよね。

時間があったら、時間ができたらという考えでは、プライベートな時間は作りにくいのです。仕事とのバランスを保ち、プラスに作用させるためにも、自分が決めた予定は崩さず守りましょう。また、どうすればそれが可能になるかを常に考えましょう。

Tip 45 未来を描く

安定した今の仕事になんの不満もないけれど、張り合いが感じられない。3年後、5年後、自分はどうなるのか、先輩や上司を見ていたら未来の姿が想像できるようでつまらないと感じる。このような悩みから抜け出すには、未来を描いてみましょう。目指す地点を描きましょう。

たとえば

・この会社にずっと勤め続ける？
・転職を視野に入れてステップアップをはかる？
・結婚や出産後も仕事は続ける？
・産休の間に自分を高める勉強もする？

未来を描くことは、地図を描くことです。今の頑張りをどこにつなげるのかを描いてみましょう。**人生は自分で創っていくものです。**そこに留まることもできれば、次の扉を開けて階段を上がっていくこともできます。すべてはあなた次第なのですね。

自分の考えというのは意外にも小さいものです。いつも同じ人たちと同じ話題を話し続けるよりも、プライベートな時間に他の世界の人たちと触れ合うことで、インスピレーションが膨らんだりします。本や映画からアイディアが浮かぶこともあるでしょう。大きな視野で全体を視ながら、未来を描いていきましょう。

Tip 46 「お先に失礼します」は罪？

「お先に失礼します！」と大きな声で元気に挨拶したら、ヒヤ～ッと冷たい空気を感じた。責任を持って今日の仕事を完了し、社会人や職場のマナーを総合して考えても、「本日これにてさようなら」で何も問題がないのに、なぜか帰りにくい……。

もしあなたが先に帰ることに罪悪感を持っているのなら、罪悪感は捨てましょう。

そもそも罪悪感とは、悪いことをしてしまった、罪を犯してしまったという気持ちです。毎日「お先に失礼します」のたびにこんな気持ちを抱くのは、頑張る自分を否定しているのと同じことです。あなたが帰れるのは、その日一日頑張った結果であり、ご褒美のようなものです。

早く帰ることが罪ならば、居残るのはいいことになってしまいます。これは違いますよね？　**周囲の雰囲気に流されず、自分をしっかり持ちましょう。**仕事を終えたら達成感とともに堂々と職場を後にし、爽やかな気持ちでプライベートな時間を過ごしましょう。

Tip 47

職場に長時間いる人が仕事のできる人ではない

忘れないでください。仕事のできる人はプライベートも充実させていることを。職場に長時間いる人が仕事のできる人で、上司から高く評価されるのではありません。

一つ大切なことは、自分の仕事が完了したら周囲に気を配ることです。「何かお手伝いすることはありませんか?」と声がけしましょう。

チームの一員である自覚を大切に行動するあなたの姿勢は、社会人として素晴らしいことです。職場の空気を読みながら、決して無意味な事柄に巻き込まれることなく、仕事も頑張り、プライベートも大切にする考え方は、周囲から尊重されます。

「お先に失礼します!」と挨拶したら、「お疲れ様!」と声が返ってくるようになることでしょう。そのためには、自分のなかにぶれない軸を持ち、自分の姿勢を貫いていくことです。

Tip 48 職場に「仲良し」は必要ない

同じ仕事を頑張る仲間というのは、まるで同じゴールを目指す同志のようで、強い結束感がありますよね。仕事のミスを誰よりも理解してくれるのも、同じ職場の人でしょう。悩み事を相談し、励まされ、ときに上司や先輩の話に花を咲かすことができる相手が近くにいるというのはいいものです。

職場の人といい関係を保ちながら、好きな仕事を続けていくために大切なことがあります。それは、「職場で仲良しを作ろう」と考えないことです。職場の友人とプライベートな時間までも共有しすぎないことです。

その理由は、どこかで一つ歯車が狂えば、すべての歯車が狂うことになってしまうからです。たとえば、プライベートな時間でのわだかまりから不仲となり、職場での関係や、さらには仕事にも影響を及ぼすことがあります。仕事に行きたくなくなったり、職場に居場所がなくなったり、意地悪されることもあるかもしれません。

職場の友人は、仕事を一緒にする仲間という位置づけに重きを置きましょう。仕事とプライベート、どこかで上手に一線を引いてお付き合いをしましょう。

共通の趣味があれば一緒に楽しんだり、仕事帰りに美味しいケーキでも食べながら、職場や仕事の話をするのは楽しいものですが、職場は「仲良しクラブ」ではなく、仕事をする場所であることを忘れずにいましょう。

Tip 49 デートに誘われたと思ったら

ちょっと気になる取引先の人に「ぜひ今度、一緒に飲みに行きましょう!」と言われた。彼は社内でも評判のかっこいい人。合コンをしたいと願う女子が多いなか、なんと私に個人的にお声がけがあった！　これはデートの申し込みに違いない。早くお誘いのメールが届きますように。

そう考えながら携帯を握りしめ、早5日が経過したものの、一向にお誘いのメールは届かない。すべての予定をあけて待っているのに、どうしたんだろう。きっと忙しいに違いないと、自分を安心させる言葉をかけ続けている。

そんなある日、偶然その人と社内の廊下ですれ違った。「お世話になっております」とニッコリ会釈して、ササッとエレベーターに乗っていったけれど、きっと人目を気にしているんだろう。今日こそはお誘いメールが入るはずだと思ったのに、何も届かない。これは一体どういうこと?? 私は遊ばれているわけ??

多くの女性が遭遇する「一体あれは何だったの?」。あなたにも経験がありますか?

これは、いわゆる「社交辞令」です。何日待っても連絡が来ない場合や、先方から具体的な日程の提案がない場合、「近いうちにランチでも」「ぜひ今度一杯やりましょう」は単なる挨拶です。「こんにちは」「いつもお世話になっております」と同じようなものですね。

Tip 50 社交辞令の極意

思っていなくても口にするのが「社交辞令」ですが、有言実行ではないとその人をとがめるのは少し違います。社会にはこのような挨拶代わりの言葉や会話が存在します。

もしあなたが「いつにしますか？」と具体的な日程を立てようとすれば相手は驚くかもしれません。なぜなら「社交辞令には社交辞令で」返すのがルールだからです。

この場合は「そうですね」がベストアンサーです。心のなかでそう思ってなくても、そう言っておくのが社交辞令です。相手は嘘つきではない。そしてあなたも嘘つきではなく、社会のマナーを心得た人ということなのですね。

社会人になって間もないころというのは、この社交辞令に心を揺さぶられることがあります。彼の言葉や笑顔、親しげな態度に「もしかして……」と舞い上がっちゃったりするのですね。**「今度」「いつか」「機会があれば」「近いうちに」などが社交辞令のキーワードです。**ぜひ覚えておいてくださいね！

Tip 51 小さな仕事を丁寧にできる人は、大きなプロジェクトを成功できる

「こんな仕事がしたくてこの会社に就職したんじゃない」。入社してすぐのころ、このような気持ちに包まれることは誰にでもあるものです。任されることといえば、雑用ばかり。自分がイメージしたバリバリのキャリアウーマンとは大きくかけ離れた姿に嫌気がさし、入社して1週間目に「辞めたい」という気持ちが芽生えてきた。

「雑用」には、「さまざまな細かい用事」という意味があります。コピー、書類の整理、

掃除、おつかいなどの雑用は、会社が機能するために欠かせない仕事の一部なのです。大は小の集まりであるように、組織の仕事というのは、雑用もあれば大きなプロジェクトもあります。そのすべてを完璧にこなせるようになることが、新入社員の目指すところなのですね。

雑用などの小さな仕事にも丁寧に取り組むことは、大きなプロジェクトを成功させる力を育んでくれます。小さなことをしっかりできない人は、大きなことも成し遂げられません。だから新人は雑用を任せられるわけです。決して誰もしたくない仕事を押しつけられているのではないことをしっかり理解しましょう。

どんな小さなことにも学びがあります。たとえば、コピー一枚から学べることもたくさんあります。縮小サイズや彩度を間違えれば、取り直せばいいと考えるのは、学生の思考です。社会人になれば、一枚の紙やインクにかかる経費、ゴミを出すことの経費や環境汚染についてまで考える必要があります。

このように新しい視点ですべてをとらえながら仕事に取り組むことで、自分がどれほど成長していけるのかは言うまでもありません。

Tip 52 新社会人生活はマラソンのようなもの

新社会人はマラソン初心者と同じようなものです。5分走り続けることが本当に辛く、心のなかで「止まりたい、止まりたい」と思うことがあるでしょう。しかし、「5分って決めたから頑張ってみる」と自分を励まし、5分完走できた。あなたは、フーフー肩で息をしながら達成感に包まれることでしょう。そして、5分が10分、30分、1時間と延び、苦しいけれど楽しいと感じる自分になれるはずです。

猛スピードで走るフルマラソンランナーも、苦しい気持ちとはいつも隣り合わせです。苦しくても止まらず走り続けるのは、限界への挑戦だからなのですね。

新入社員のあなたは、慣れない仕事のなかで「こんなに大変なことは自分には無理だ」と思うことがあるかもしれません。でも、これは**マラソンと同じで、今は頑張れ**

ない、辛いと感じることが頑張れるようになっていきます。そして仕事の達成感にも包まれることでしょう。そうなるために必要なのが「継続」なのです。

「石の上にも三年」ということわざがあります。その意味は、冷たい石の上でも3年も座り続けていれば暖まってくる。我慢強く辛抱すれば必ず成功することのたとえです。

途中で投げ出さず3年は辞めずに取り組むことで、あなたは大きく成長します。働くことが楽しいと感じる自分に出会えます。自分にはできないと辛く感じた日々を乗り越え、身につけたことは礎となり、ゆるぎない自信となっていきますよ。

そして何より、同じような辛さを感じている後輩に、自分の経験をシェアする優しい先輩になっていることでしょう。

Tip 53

疲れた日はお花を買って帰ろう

長年の結婚生活にピリオドを打った友人のケイトは、部屋の改装に取りかかりました。彼女から住まいのリフレッシュプランを聞いたとき、私は大賛成しました。あれから半年、いよいよ改装したお宅訪問の日がやってきました。

本来ならばワクワクするはずが、その日にかぎって計画崩れの一日だった私は、気乗りしない心境を引きずっていました。しかし、以前からの約束をこんな理由で断るわけにはいきません。私はワインショップで手土産を買い、アッパーイーストサイドにある彼女のアパートへ向かいました。

部屋の扉は以前と同じです。半年もかけたリノベーションって、一体どんな感じだろうとベルを鳴らしました。するとすぐにケイトが扉を開けてくれました。

改装された室内が目に飛び込んできて、私は思わず「わあ〜〜」と言いました。アイボリーだった壁がショッキングピンクに変わり、白いお洒落なソファにフワフワの白いクッションが並んでいます。まさに、マンハッタンのお洒落な独身ガールの部屋に様変わりしていたのです。

リビングテーブルには、色鮮やかなチューリップが置かれていました。キッチンで飲み物を用意しているケイトの話を聞きながらチューリップを眺めていると、先ほどまでのぐったりした気持ちが消え、ハッピーな気持ちになりました。ケイトにその話をすると、帰り際に花瓶から赤とオレンジのチューリップを二本抜いて持たせてくれました。

お花の効用って本当に大きいものです。元気が出ない、落ち込むことがあった、ネガティブな気持ちから抜け出せないという日は、お花を買って帰りましょう。高価なブーケでなくても、バラの花一本で心がパーッと明るくなります。ネガティブな気分が吹き飛び「さっ、お部屋の片づけでもして気分を入れ替えよう！」、そんな元気な気持ちがムクムク湧き上がってきますよ。

Tip 54 日曜日は早起きする

ニューヨークの日曜日の朝は、トレーニングウエアに身を包んだ人たちで賑わいます。ランニング、サイクリング、ヨガ、ジムなど、早起きして朝から健康的に一日をスタートさせています。週末でゆるんだ体と精神をギュッと引き締めるわけです。

「日曜日の朝くらいゆっくり寝させて」という気持ちもあることでしょう。しかし、ベッドでゴロゴロしている間にお昼になり、朝食を食べ終わったらもう1時。睡眠をたっぷり取って元気回復したというよりも、気だるさが残ってシャキッとしません。それならば早起きし、運動をして、午後にソファでゴロンとお昼寝をしたほうが快適です。**月曜日から颯爽と仕事に取りかかるには、日曜日に本調子に戻しておくわけです。**これがニューヨーカーのパワフルマンデーの秘密です。

日曜日の午前中に運動を入れましょう。ニューヨークでは赤ちゃんがいてもランニング用のベビーカーに乗せて走ったり、カップルで一時間程度のウォーキングを楽しんだりしています。スーパーが混み合うのも、日曜日の午前中です。運動の後にスーパーに立ち寄り食材を買って帰ります。そして午後は、好きなように時間を使います。

私も日曜日の朝は空手の稽古に行っています。平日は起きるのに苦労しても、日曜日の朝は不思議なことに、目覚ましアラームの鳴る前にパッと目が覚めます。体のリズムができているのですね。朝から運動でいい汗を流すと、今週もいい仕事ができそうな予感に包まれ、月曜日からエネルギッシュに過ごすことができます。ニューヨークが教えてくれた、月曜日を前向きに、そしてハッピーに過ごす秘訣です。

Tip 55

休むときはスパッと仕事から離れる

仕事が一息ついたら休暇を取ろうと思いながら、なかなか一息つけないということってありますよね。学生時代の友人たちから「一緒にバリ島に行こう!」と誘われている。そろそろ結婚する友人も出そうだし、みんなで自由に旅行できる機会がだんだん貴重に感じられる。しかし年々任される仕事も増え、休みの予定を立てにくいという人もいるのではないでしょうか。

オフの時間は、自分に戻る大切な時間です。自分らしさを取り戻す時間であり、次なる仕事への活力を養う時間でもあります。休むときはスパッと休み、仕事から離れましょう。どっちつかずな状況ではなく、オンとオフをバチッと切り替えましょう。

今というときは、人生のなかで二度とやってきません。今楽しむ旅行は、5年後、10年後、たとえ同じメンバーで行ったとしても、何かが大きく違っています。

今という貴重な時間を大切に、「休むときは休む、働くときは働く」。これができる人は、仕事にもいい成果を残していける人です。

Tip 56 ニューヨーカーの留守番電話

ニューヨークでは、留守番電話に「ただいま旅行中のため、電話に出ることができません。〇月〇日に戻ります」というようなメッセージをよく聞くことがあります。「ただいま留守にしております」では、どんな留守なのか検討がつかず、つかまるまで電話をかけてしまったり、メッセージを残したりしますよね？　しかし「旅行中」だとわかると、オフを楽しんでいるのだから、戻ったころに改めようとなります。休むときはスパッと休むためには、こんなメッセージを入れておくのもお勧めです。誰にも邪魔されないオフ時間を思いっきり楽しみ、フレッシュな気分で仕事に戻るって素敵ですよね！

五章

収入が少なくても
リッチに過ごす
ためのヒント

MONEY

お金があっても心が貧しい人、お金がなくても心が豊かな人、
どちらが幸せだと思いますか？
「お金、お金」とお金を追うよりも、
手のなかにあるお金で幸せになれるヒントをまとめました。

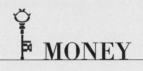

Tip 57 大富豪のシンプルライフ

世界の大富豪が住む街ニューヨークは、何十億もするアパートが軒を連ねています。そこに住む人たちは、どれほどきらびやかなリッチライフを満喫しているのだろうと、誰もが想像するのではないでしょうか。私も大金持ちというのは、高級車を何台も所有し、高級ブランド品を身につけた、見るからにゴージャスな人たちに違いないと思っていました。

そんなある日、ニューヨークの本当のお金持ちというのは、「え?･?･あなたが?･?･」というような、お金をまったく連想させない雰囲気の人たちが多いことを知りました。

本当のお金持ちは、すべてにお金をかけているわけではなく、必要なことにだけお金をかけている。いわゆるメリハリのあるお金の使い方を大切にし、その日常はいたってシンプルなのです。

お金持ちの友人エレーナと「本物のお金持ち」について話しているとき、彼女は「エリカ、あの人見て」と通りを歩く一人の男性を指差しました。愛用しすぎてボロボロになったという表現がピッタリのTシャツにトレーニングパンツ姿の初老の男性が、セントラルパークの散歩から家に帰る途中だという雰囲気で歩いていました。「あの人ね、私のアパートのペントハウスに住んでいる大富豪なのよ」とエレーナは言いました。私は失礼ながらも、「えっ？ あの人？ あの古びたTシャツのあの人？」と何度も確認しました。そんな私にエレーナは「大金持ちと物乞いは、ときに紙一重」だと教えてくれました。それほど大金持ちはシンプルであり、見た目をゴージャスに装っている人は少ないという意味でした。

「リッチ」とは見た目ではなく、その人の哲学、ライフスタイル、心のあり方です。
この学びは、お金に関係なく誰でも「リッチ」になれることを教えてくれました。

Tip 58 お金の使い方にメリハリをつける

大富豪からの学び「お金の使い方にメリハリをつける」は、欲しいものをなんでも手に入れようとする気持ちを大きく変えてくれます。また、欲しいものが買えないことを悲観する気持ちも変えてくれます。自分にとって必要なことにお金をかけ、不要なことにはお金をかけない。これは、「必要・不要」を頭のなかでパパッと仕分けできる人になるということです。

「何もかも手に入らないのは、収入が少ないからだと嘆くライフスタイル」から「少ない収入のなかから、必要なことにお金をかけるライフスタイル」に変えていきましょう。

あなたにとって、お金をかける必要があることはなんなのかを考えてみましょう。

大切なのは、他人目線を意識した「見た目」ではなく、あなたの心が満たされるものです。

たとえば、いつもキレイな爪でいたいから、2週間に一度のネイルサロンが自分には必要だと考えるのならば、これはあなたの心をリッチにしてくれることですから、大切にしていきましょう。

そして、今お金をかけていることのなかに「不要」なものがないかも併せて考えてみましょう。**お金の使い方には「メリハリ」をつけること、**ぜひ意識しましょう。

Tip 59 長く愛用できる洋服を選ぶ

「流行」とは、流れ消えていくという意味です。今年の流行は、来年はもう消えてしまうものなのですね。時代の最先端のファッションが自分に必要でないかぎりは、来年は時代遅れと評価されてしまう流行品にお金をかけるよりも、いつまでも長く愛用できる洋服を選んでいきましょう。

私がいつも大切にしているココ・シャネルの素敵な言葉があります。

「流行は色あせるけど、スタイルは不変です」
(Fashion fades, only style remains the same.)

流行よりもスタイルを重視することで、買ったけれど着ていない、「買ったものの着るチャンスを逃してしまった現象」を防いでいくことができますよ。

Tip 60 ベーシックな色とデザインをそろえる

永遠に重宝し、お洒落上級者を感じさせるのがベーシックな色とデザインのお洋服です。たとえばTシャツは、柄物ではなく無地のシンプルなラウンドネックを色違いでそろえましょう。ジーンズに合わせればカジュアルに、スーツのインナーに合わせればビジネスシーンでも活躍してくれます。たった一枚のTシャツが幾通りものパターンで活用できるなんて本当に重宝します。

ファッション雑誌のセレブのお洒落スナップでよく見かけるスタイルも、シンプルでベーシックな装いがベースになっています。自分と同じようなTシャツやジーンズ着用の姿に親近感を抱くことってありますよね。そして、セレブらしさを醸し出す、サングラスや靴などのアクセント使いの秘訣をインプットしながら、「これなら私も真似できそう♪」と嬉しくなるものです。お洒落の秘訣はベーシック、ワードローブはシンプルなアイテムで整えていきましょう。

Tip 61 チープシックの極意

英語にチープシック（cheap chic）という言葉があります。デジタル大辞泉には「安価なものによってシックに装ったり飾ったりすること」と記載されていますが、本来は「お金をかけないお洒落」という意味になります。

ファストファッション全盛期の今は、お金をかけずにお洒落を楽しむことは容易になりました。しかし、**チープシックはファストファッションとは違います。**「お金をかけずに」とは「安い価格で」という意味ではないのです。

お洒落は「自分」でクリエイトするもので、「お金」ではないという意味なのですね。**自分が素敵に見える、自分が楽しめる、自分がハッピーになれる装いを自分で創っていくことが、本当のお洒落な人が大切にしていることです。**

ファストファッションでお買い物する理由が「安いから」ならば、お値段を理由に買っている無駄なものがたくさんあるはずです。「安いから買っておこう」の思考にストップをかけましょう。そしてその分をセーブして、本当に気に入った服に出合ったときのための「ゆとり」にまわしていきましょう。

Tip 62

丁寧に手洗いしてアイロンをかける

清潔感のある装いほど「リッチ」に見えるものはありません。Tシャツ類は首元が伸びないように丁寧に手洗いして、きれいにアイロンをかけましょう。1000円のTシャツが数万円の輝きを放ちますよ。

スーツのパンツには、毎日アイロンをかけましょう。しわのない折り目の入ったパンツは気分上々な一日につながります。

Tip 63

リッチな気分は心の満足度が運んでくる

アメリカのテレビのコマーシャルにこんなシーンが出てきます。シルクのガウンを身にまとった美女がソファでくつろぎながら、一粒のチョコレートを上品にかじり、とろけるような顔で「う〜ん」とうなる。そこに「リッチチョコレート　XXXX」とナレーションが入る。

濃厚な味わいをリッチと表現しますが、味わいのみならず一粒のチョコレートで心も満たされ、リッチな気分になれますよ、とアピールするコマーシャルです。

確かに、**リッチな気分というのは、自分の心が満たされることが何より大切ですよ**ね。

あなたの心が満たされるのは、どんなもの、どんなときですか？

たとえば

・バラの香りのバスオイルを数滴入れたバスタイム
・眠る前に聴くさざ波のCD
・大切な靴のお手入れをしている時間
・両親にクリスマスカードを書いているとき
・彼の胸に抱かれているとき

心が満たされることが多ければ多いほど、リッチな気分に包まれます。自分の心が満たされることをたくさん見つけていきましょう！

Tip 64 残高が増える通帳を持つ

あなたは、「入金専用口座」と「出金専用口座」を分けていますか？

一つの銀行口座にまとめていると、お給料日や賞与があれば増え、日々の出費で減る、つまり増えたり減ったりする口座になります。

「えっ…なんでこんなに残高が少ないの？　たしか先月はもっとあったはずなのに…」と出費を確認しながら、ガックリ肩を落とした経験はありませんか？　入金と出金を同じ口座にしていると、あるだけ使ってしまうものなのですね。増えない残高は、漠然とした将来への不安にもつながってしまいます。

そこでお勧めなのが、口座を二つに分けることです。これをすると「ガックリ肩を落とす」ことがなくなります。

入金専用口座は、お給料や賞与が入金される口座です。副業がある場合は、その入金もすべてこの口座にしましょう。そして、もう一つの「出金専用口座」というのは、お財布感覚の生活費の口座です。「入金専用口座」から毎月定額を「出金専用口座」へ入れておきます。たとえば家賃や交際費、毎月引き落とされる定期預金もすべて込みで10万円ならば、10万円を入金します。今月は残業代が多かったから13万円などと、額は変えないようにしましょう。その理由は後で説明しますね。

クレジットカードの引き落とし口座も「出金専用口座」に設定しておきましょう。

「入金専用口座」からお金が出るのは月に一度、生活費にあてる定額だけです。賞与はどうするのかは自分の貯蓄プランとしっかり相談してください。旅行や頑張ったご褒美に20万円使っていいと決めるならば、それを「出金専用口座」に入れましょう。

「入金専用口座」の残高はどんどん貯まっていくことになります。貯蓄以外で貯まっているお金ということです。万一に備えてこのまま残高を増やすのもいいですし、来月のお誕生日はここから少し奮発してご褒美を買おうと考えるのも楽しいですよね！

ポイントは、口座を二つに分けることです。毎月ゼロになってもいい口座を持っておくと、残高でため息をつくことはありません。また、残高が増えていく口座があれば、だんだん積み上がっていくことが嬉しくなり、お金や生活に対する不安から解放されます。口座を二つに分けるだけで、上手にお金管理ができるようになっていきますよ。

Tip 65 お財布は毎日整理する

カバンの中身は毎日出しましょうと言われますが、これはお財布も同じです。お財布のなかを毎日きれいに整理し、不要なものは処分しましょう。

レシートはお財布に入れず、レシート専用のポーチに入れるようにします。割引券やクーポン類も専用のケースに分けて入れるようにし、お財布に入れるのは、現金と数枚のクレジットカードに限定しましょう。

お財布は一日に何度も開くものですが、意外にお金の流れは追えていないものです。「たしか3万円入っていたのに、もうこんなに少なくなってる〜」なんてこと、よくあるのではないでしょうか。一日の終わりにお財布のなかを整理することで、お金の流れに敏感になれます。

そして、すれて汚れている部分をきれいに拭いてお手入れしておくと、お気に入りのお財布を長く愛用できます。人目につきやすいお財布がいつもきれいだと、「物を大切にしている人なのだな」という印象にもつながります。

毎日愛用するものだからこそ、丁寧にお手入れし、大切に使う意識は素敵ですよね。**幸運は人生を楽しんでいる人、ポジティブな人、きれいなところにやってきます。**お財布、カバン、お部屋はいつもきれいに片づけておきましょう。

Tip 66

見栄を張らない

これは自分の身の丈を知るということです。そして、他人目線を意識して無理しないということでもあります。

たとえば、人気講師のセミナーで物品販売をしていたとします。友人たちはセミナー講師のお取り巻きということもあり、必要不要関係なく大人買いしています。自分はというと、特に興味のない商品だし、余裕もないのでパスしたいと思ったら、「あれ、買わないの?」という友人たちのひと言に反応し、無理して三つも買ってしまった。それから数日間落ち込んでしまった。このような出来事ってありますよね。

見栄を張って、失うことはあっても得ることは何もありません。

収入に関係なく、いつも心が満たされている人に共通するのは、お金をかけることと、かけないことをしっかり分別できるということです。更には、人にどう思われるかということを基準に考えることをしません。**基準は常に自分の気持ちです。**

かぎられたお金で、いつも幸せでいるためには、そのお金を無駄に使わないことが一番大切です。そのためには、自分の身の丈を知り、自分に必要か不要かを見極め、自分の心を満たしてくれるものを自分目線で選んでいくことです。

見栄っ張りはやめて、ありのままの自分を大切にしていきましょう。

Tip 67 ワインの愉しみ

海外のドラマや映画のワンシーンに多く登場するのは、ビールよりもワインです。レストランのシーンで登場するのはワインが多く、ホームパーティーのシーンで来客に振る舞うのもワインが多いです。夜中に仕事をしながらワイングラスを傾けていたり、恋人とたわむれる時間に登場するのも決まってワインです。

その理由は、ワインはエレガントで、ちょっぴりリッチな気分につながるからなのですよね。一方、ビールは大衆的でスポーツバーで歓声をあげながら、瓶のまま豪快に飲む野郎なイメージです。

一本の単価で考えるとワインのほうが高価です。しかし、飲むペースで考えるとワインのほうがお得感があります。グイグイ飲むものではなく、グラス一〜二杯を味わいながら楽しむワインと、次々飲み干すビール。ビールはピッチが早いので飲む量が多くなり、総合すると決してリーズナブルということにはなりません。

お風呂上がりに冷えたビールをキューーッと一杯飲むのが最高だという方もいらっしゃるでしょう。しかし、美味しいワインを一本買って、一日グラス一杯楽しむというのもリッチ感があり、お洒落です。映画に登場するようなお洒落な空間ではなく、自分の小部屋であっても、まるで映画のワンシーンのような気分にひたれます。

私は断然ワイン派です。グラス一杯のワインにちょっぴり贅沢を感じ、小さな幸せに包まれる時間が好きです。素敵なレストランに行かずとも、お家ダイニングが最高のレストランにもなります。

日本のデパートや酒屋さんでは、ワインの試飲が楽しめるところがたくさんあります。自分の好きな一本を見つける楽しみや、専門家の人から新しい知識を吸収する楽しみ。また試飲会でワインの趣味が共通のお友達に巡り会えるかもしれません。ワイン好きが集まり、ワイナリーツアーに参加するのも楽しいですよね。ワイン日記を書いてみたり、ラベルをコレクションしたりと、ワインは自分を広い世界に運んでくれる飲み物であり、リッチな気分にさせてくれるものです。

Tip 68 ベッドメイキングを毎朝の習慣にする

私が初めて海外に住んだのは留学先のボストンでした。アイルランド系アメリカ人のご夫婦の家にホームステイしていました。映画で見たのと同じ欧米人の暮らしのなかに飛び込んでみて驚いたことは、家中ピカピカできれいだということです。収納を上手に使い、部屋に物が溢れていないのです。まさにインテリア雑誌のような世界でした。

そんな生活のなかで一番最初に学んだのが、欧米人の習慣の一つであるベッドメイキングです。起きてすぐに部屋の窓を開けて新鮮な風を通しながら、ホテルの客室のベッドのようにシーツやカバーをきれいに整えます。

ベッドがきれいに整うと、まるでお部屋がホテルのスイートルームのようで、上質な気分に包まれます。ベッドサイドテーブルに一輪のお花を飾り、お気に入りの写真や本を置けば更に素敵です。

長い一日を終え自分の部屋に入った瞬間、ベッドがきれいに整っていると気持ちいいものですよね。心地良く眠れるに違いありません。

Tip 69

感性を磨いて心を豊かにする

あなたは五感を刺激することを大切にしていますか?

五感とは目・耳・鼻・舌・皮膚を通して生じる五つの感覚です。これらを意識して生活することは、心を豊かにしてくれます。

たとえば

・視覚:美術館で美しい絵を視る
・聴覚:コンサートで美しい音色に耳を傾ける
・嗅覚:お気に入りの香水を一滴つける
・味覚:旬を味わう、素材の味を楽しむ
・触覚:公園でほおに風を感じ、肌に太陽の日差しを感じる

幸せとは、持っているお金の額ではなく心の豊かさです。心を満たすために五感を磨くことを意識していきましょう。本を読んだり、映画を観たり、森林を駆け抜ける風の音を聴いたり、お金をかけずに五感を磨く方法はたくさんあります。

ニューヨークは芸術の街です。通りのいたるところにストリートアートが展示され、日々の暮らしのなかで感性を磨くチャンスがたくさんあります。**どんなに忙しくても心に響いたものの前では足を止め、そのひとときを大切にすることが心の豊かさにつながる**ことをニューヨークが教えてくれました。素敵なことですよね!

六章

充実した大人の恋愛を楽しむためのヒント

LOVE

この章では、ニューヨーカーたちからヒントを得た
スマートな大人の恋愛のあり方をご紹介します。
お互いに依存せず、適度な距離感を保ちながら
永遠に愛し合える理想的な関係を目指しましょう。

Tip 70 出会いのつかみ方

「今日こそは出会えますように」と願かけをして、「こんなところで出会えたらいいな」と思うお気に入りのカフェに行った。ひとりの男性客がチラホラいるけれど、タイプとは程遠い印象の人たちばかりだ。そんなとき、隣の席が空いた。ここに素敵な男性が座ってくれますようにと祈った途端、騒がしいグループがギュウギュウに詰めて座ってきた。あ〜どこまでもついていない私、とため息が出た。

どこに行けばタイプの人に出会えるのか、これは誰もが知りたい究極のポイントですよね。カフェでの出会いは素敵ですが、タイプの人に出会える確率は低いかもしれません。そして何より、会話につなげるのが難しい場所でもあります。

ここで**考えるべきことは、あなたの運命の彼の行動パターンです。**自分が出会いたいと思う場所で彼を待つよりも、その彼が行きそうな場所に行ったほうが、出会える確率はグーンとアップします。

たとえば、仕事が終わってジムに行く、アップルストアに行く、本屋さんのビジネス書や新刊コーナーに行く。このようにタイプの彼の行動パターンを想像しながら分析し、偵察に行ってみましょう。腰を上げて行動あるのみです。

あなたはジムでヨガクラスを取っているとします。ヨガは趣味の一つで楽しいけれど女性が多く、出会いの確率は非常に低い。ならば、男性に人気があるクラスを試しに受けてみましょう。新入りのあなたは先輩の男性たちに話しかけやすく、コツを教わったりしながら、会話につなげていけます。しかもごく自然に。なんて最高なんでしょう。

ニューヨークは本屋さんやスポーツジムでの出会いが多い街です。お互いの「共通性」から会話を始めやすい環境なのですね。本屋さんでの出会いなら「本や作家」、ジムなら「運動や食生活」など、共通性のなかにも楽しめる話題がたくさんあります。

このように、なんらかの**共通性が出会いのなかにあると関係を築きやすい**ですよ。

さあ、今日は運命の彼が行きそうな場所に行ってみましょう！

Tip 71 「理想の人」探しよりも大切なこと

もう随分長い間、理想のパートナーを探し求めているけれど、いまだに出会えない。本当にいつか「理想の人」に出会えるのだろうか。このような不安な気持ちを抱いていませんか？

「理想」とは人が心に描き求め続ける、それ以上望むところのない完全なもの。「自分が描くパーフェクトなもの」という意味です。結婚相手にはパーフェクトを求めてしまうものかもしれませんが、実はどんなに探しても、「理想の人」はどこにも存在しません。

理想の人に出会えない、と嘆いたり自分を追い込んだりする前に、理想の人など存在しないと考えるほうが、自分の思考をやんわり柔軟に解きほぐしてくれます。そして、目の前の現実から目を背けずにいると、大切なことが視えてきます。

それは「本質」です。**本質は理想よりもはるかに大切なことです**。その人がどんな人なのか、その人の本質を視ることで、パートナーを見極めることができます。

理想は自分の状況に合わせて変わってしまうものです。たとえば、去年の理想が今年も理想とはかぎりません。自己成長に応じて、理想もどんどん高くなるでしょう。また、年収は絶対これだけという理想が、お金よりも健康が最優先と変わっていくかもしれません。一方、「本質」は変わりません。

幸せな人生に「理想の人」が必要だとはかぎりません。理想からかけ離れた人であっても、その人の「本質」に目を向けることで、その人がいかに自分にとって大切な人であるか、気づくこともあります。まったくタイプじゃないけれど、彼の本質が好きで心惹かれる。ずっと一緒にいたいと思える。安心できて、ふたりの空間にはいつもほのぼのした幸せがある。

こんな人に出会うには、「理想」の枠をゆるめて視野を広げ、理想よりも「本質」に重きを置くことです。

理想があるのは素敵なことですが、大切なのはそれだけにとらわれないことなのです。ハンサムな男性がいいと思っても、20年も経てば容姿は必ず変わります。フサフサだった髪の毛は抜け落ち、『サザエさん』の波平さんになるかもしれません。年収2000万円以上の夫と優雅なセレブ妻ライフと思っても、リストラされれば年収0円です。あなたが働いて家庭を支えることになるでしょう。

理想のなかには、時の経過とともに変わっていくものがたくさんあります。その人の「今」だけを視るのではなく、ずっと一緒だとしたらどう変わっていくかまで考えることが大切なのですね。

そしてパートナー選びに一番大切なのは、いつまでも変わらない「本質」、人間性です。優しさ・誠実さ・責任感・努力家・信念を持っている・パートナーを尊重する姿勢・両親を大切にしている・老人、子供や障がい者に思いやり深い・感謝を大切にしているなどたくさんあります。

理想だけではなく、少し視点を変えると視えるものが広がり、ずっと一緒にいたいと思えるパートナーを見つけることができますよ。

Tip 72 一緒に海外旅行に行く

彼の本質を見極めるのにピッタリなのが海外旅行です。言葉の通じない異国の地での彼の行動が、あなたの未来を暗示します。

サバイバル能力や逆境にめげず楽しめる人かどうかがわかります。次々起きるアクシデントで落ち込むあなたを引っ張り上げながら、問題解決していく彼。いつも笑顔で自分を楽しませようとする姿は、今後のふたりを映し出す鏡そのものです。ずっと長く付き合っていけることでしょう。

帰国と同時に、また頑張って働き、お金を貯めて一緒に旅行しようねと約束する。あなたは彼とならどこに行っても安心だと、もっと大好きになることでしょう。ふたりで旅行記をまとめたり、旅行中に交換日記をするのもお勧めです。

こうやってふたりの歴史を作っていくって素敵ですよね。

Tip 73 デートのルールを作る

自分のなかでデートのルールを作りましょう。たとえば、早く誘ってくれた人の予定を優先させるとか、当日のデートの誘いは断るなどです。「いつでもあなたのために、スタンバイしています」という女性は、長い交際にはつながりません。男性はなかなか手に入らない忙しい女性が好きなのです。本当に好きならば、会ってくれるまで何度でもデートに誘います。

友人のジョーはやっとデートのOKをもらいました。「来週の土曜日なら会えるけど……。パリでよければ」と言われて、ニューヨークからパリまで飛んでいきました。

彼に「会いたい」と思わせ続けることが、幸せなカップルライフにつながります。

もう付き合って10年も経つのに、デートのたびに「ファーストデートですか?」とレストランのウエイターに声をかけられる友人カップルもいます。お互いを見つめ合う眼差しが初々しいからなのですね。デートの約束をするたびに彼から「Can't wait!」(会うのが待ち切れないよ」とメッセージが届くと教えてくれました。

ふたりの関係を早く前に進めたくて、「私はあなたのものよ」にならないことが、彼をいつまでもドキドキさせます。

Tip 74 恋にレスキューを求めると、間違った運命の人を引き寄せる

運命の人と出会い、ラブラブの恋人になりゴールインする。結婚後も出会ったときと同じ愛情で包まれ、理想通りの幸せな日々を過ごしている。「あ〜こんな幸せ、私も早く実現したいな〜」と誰もが思うものですよね。

あなたが恋人やパートナーが欲しいと思う理由は何ですか？

・世間一般で言われる適齢期だから
・友人たちはみな恋人がいるから
・自分の人生がもっと楽しくなるから
・子供も欲しいし家庭を築きたいから

たくさんの理由があると思います。もし答えのなかに次の二つが含まれているとし

たら、今ここでじっくり考える必要があります。

・ひとりが嫌だから、誰かと一緒にいたい
・今の状況を抜け出すために、誰かが必要

たとえば、「今の状況を抜け出すには結婚しかない。結婚すれば自分は幸せになれるはずだ」と考えているとします。この思考の第一優先事項は「結婚」であり、結婚してくれる人探しを始めることになります。相手の人間性は二の次、三の次となり、結婚後に初めて彼の人間性を知るような流れになってしまいます。

結婚後、こんな人だとは思わなかったということが浮き彫りになり、性格の合わない夫とは口論が絶えない、彼はいつも出かけて家でひとりぼっちということもあるかもしれません。ひとりからふたりになれたものの、そこに幸せはなかったという、最悪の現実を引き寄せてしまうでしょう。

「もう、ひとりでいるのは嫌だ。いつも愛する人の肌のぬくもりを感じていたい」という気持ちは素直な感情です。その気持ちにふたをする必要もありません。**ここで大切なのは、「救出されたい」意識を持たないことです。**「私をここから救い出して〜!」と暗い洞窟のなかでレスキュー隊員を待っているイメージは消し去りましょう。

あなたがいるのは、どこまでも広がる青空の下です。爽やかな風を感じながら歩いていたら、本当の運命の人とすれ違うかもしれません。

Tip 75

予定をあけて彼の誘いを待たない

彼ができると、彼一色の日々になってしまう人がいます。一日中携帯電話を握りしめ彼からの連絡を待ったり、休日はデートのためにすべてあけておく。仲良しの友人が映画に誘ってくれても「ゴメン、彼に確認しないとわからない」と、にごした返事をしてしまう。

愛する人といつも一緒にいたいという恋心は、ずっと大切にしたいものですが、ここで一つ大切なことがあります。それは**「スタンバイOKな女」は、彼の気持ちを冷めさせる**ということです。

デートしたい。なんとか予定をつけて会いたい。来週末まで会えないなんて拷問だ。そう感じさせるには、彼に頻繁に会わないことです。「会えないならいいよ。他の人を誘うから」と彼が言ったとしたら、悲しいですがあなたの代わりになる女性は他にもたくさんいるということです。そこで「待って、なんとか都合つけるから」と言ったところで、彼の心をつなぎとめることにはなりません。彼はあなたに会いたいのではなく、暇つぶしの相手を探しているのです。

彼のために予定をすべてあけておいたり、今すぐ会える準備を整えておくのはやめましょう。楽しい予定をどんどん入れていきましょう。今まで通り女友達と出かけることも、お稽古事を続けることも、彼をあなたに夢中にさせる方法です。

Tip 76

ひとり時間を幸せに感じられる女になる

12月のニューヨークは、宝石箱をひっくり返したような輝きに包まれます。氷点下の極寒でも街の賑わいは夏と変わりません。どこまでも続くイルミネーションに心を躍らせながらワクワクできるのが、ニューヨークの魅力です。

その日は朝から雪が降っていました。クリスマスプレゼントを買いに出かけた私は、まずは腹ごしらえをしようと、5番街のレストランにブランチを食べに行きました。私はタイミングよくあいた窓際の二人がけの席に案内され、ブランチカクテルにベリーニを注文しました。スパークリングワインとピーチの大人の女に似合う飲み物です。周囲にはひとりの女性客が多く、誰もが12月の休日の午後を満喫している様子でした。私は窓の下に広がる銀世界を眺めながら、ひとりでゆったり過ごす時間はこの上ない幸せだと感じました。

恋人募集中の人のなかには、「こんなひとりの時間はもうウンザリ」と思うことがあるかもしれません。特にクリスマスシーズンはひとりが寂しく感じられるという人も多くいます。しかし、恋人やパートナーと幸せな時間を共有するには、ひとり時間を幸せに感じ、楽しめることが何よりも大切になってきます。

その理由は大きく二つあります。

・自分で自分を楽しませられない人は、相手を楽しませることができない

・自分で自分を幸せにできない人は、相手を幸せにすることができない

自分の心を自分で満たすことができる人であれば、愛する人の心も満たすことができるということなのですね。

ひとりでも楽しい時間を過ごしているあなたは、いつも満たされ、笑顔に包まれているはずです。ひとりで寂しい、退屈というネガティブな雰囲気はゼロ。キラッとした輝きを放っています。

男性がずっと一緒にいたい女性はこんな人なのです。

仕事が忙しく連絡が少し途絶えてしまっても、自分ひとりで楽しめる女性。デートが頻繁にできない事情を優しく受け入れてくれる女性。「お仕事頑張ってね」と理解して応援してくれる女性です。

この人と一緒になれば、自分の人生がもっと幸せに、もっと楽しくなりそうだと感じるからです。

あなたにとっても、自分で自分を楽しませることができると、「デートがない＝退屈」とは無縁のストレスフリーです。次のデートを楽しみにしながら毎日ハッピーに過ごせますよね。

Tip 77

心の幸せ指数

ひとり時間が幸せであれば、ふたりの時間は幸せが2倍になります。

ひとり時間が不幸せだと、ふたりになっても幸せにはなれません。

数式で見れば、この原理は一目瞭然です。

1×2＝2

0×2＝0

たとえば、ネガティブ思考の人がいつもネガティブになってしまう原因は、ネガティブの幸せ指数が「0」だからです。「0」には何をかけても「0」なのです。これを頑張って「1」に引っ張り上げておくと、みるみる変わっていけます。

自分は幸せから縁遠いなんてネガティブな考えは払いのけて、心の幸せ指数「1」

はしっかりキープしていきましょう。

Tip 78 キレイなだけの女は3日で飽きる

キレイな女性はモテます。キレイなだけで男性のまなざしを釘づけにし、場合によっては一本釣りできるなんて、キレイな人って本当に得ですよね。

しかし、問題はここからです。

キレイは3日で飽きられます。目の保養は3日もあれば十分で、彼は心が満たされることを求めはじめます。これは外見が良くても中身がないと真剣交際にはつながらないということなのです。

素敵な人との出会いや、交際中の彼と長く付き合いたいからと、見た目だけで彼を惹きつけておこうとするのではなく、内面を磨いていきましょう。**優しさや思いやりに溢れ、そして会話を楽しめる女性は、キレイな女性よりもモテモテです。**

たとえばあなたの周りにも、特別にキレイでもスタイルがいいわけでもないのにモテモテの人はいませんか？　きっと彼女は、性格が良く、どんな会話も楽しめる聡明《そうめい》で明るい人に違いありません。

長期的な真剣交際に絶対必要なのは、内面的な美しさとウィットに富んだ会話です。どんな話題でもフォローできるように新聞や本を読みましょう。興味のあることだけではなく、興味のない分野の知識も収集していきましょう。

どうせキレイなだけで退屈な女なんだろうなと思ったら、「えぇ〜〜！　なんて知的な女なんだ〜〜！」と彼の予想を大きく裏切ったあかつきには、「絶対俺のものにしたい！」という気持ちになるものです。

彼に宝物を掘り当てたと思わせる女とは、キレイなだけではなく中身のある人なのです。

Tip 79

下ネタと女の魅力

世界中の男性たちが好きな話題といえば、ずばり「下ネタ」です。言葉が通じなくても下ネタだけは一緒に盛り上がれると言われているほどです。男のDNAの成せるワザですね。

彼がそんな下品な話題で仲間とワイワイするなんて嫌だと思う人もいるでしょう。また一方では、彼にかぎって下ネタなんて話すわけないと、彼を美化している人もいるかもしれません。

ここで断言します。世界中の男性に「下ネタ」好きのDNAが流れています。そんな彼を認め、受け入れてあげる度量が、女には必要なのです。

「ばかばかしい」とあきれることもあるでしょうが、ここは上手にバランスを取りながら、ときどき会話に加わりましょう。

「おぉ〜！　こんなくだらない話題もサラッと返すとは、なんて魅力的なんだ！」と彼は喜びます。**自分のくだらない部分も認めてもらえるって、男性にとっては本当に嬉しいことなのです**。そして、あなたの女としての魅力がアップします。

もちろん下ネタにも限度が必ずあります。誰かを傷つけるもの、残虐な歪《ゆが》んだ性に関する話題、耳をふさぎたくなるような部類ではなく、みんなでワイワイ笑えるもの限定です。会話に加わって笑う、相槌《あいづち》を打つ、コメントを入れるなど、あくまでもサラッと程度で加わりましょう。たとえあなたが下ネタ大好きでも、主導権を握るほど参加しないように気をつけましょう。一線を越えてしまえば「下品」となり、その印象は修復不可能です。

ユーモアのセンスがあり、彼の好きな下ネタも共有してあげられることは、カップル円満の秘訣です。どんな話題も一緒に楽しめるって素敵です。

下ネタをくだらないと拒絶してしまうと、彼の性癖や性に対する考えを知るチャンスを逃してしまいます。なかなか表に出にくい部分だけに、こんな話題が彼を知るチャンスであることも忘れないでくださいね。

性生活はカップルには大切なスキンシップです。彼のなかに歪んだものがないかどうか、しっかり視ることは非常に重要なことです。

Tip 80 あなたは「可愛いバンビちゃん」であることを忘れない

男性はスポーツが大好きです。自分がプレーするわけではないのに、野球、サッカー、ラグビー、ゴルフとスポーツチャンネルがついていれば食い入るように見続けるのは世界共通です。「一体どこが面白いんだろう?」と理解できないこともあるでしょう。

スポーツは勝負の世界。勝ちを取りにいく、チャレンジの世界です。男性は、挑戦すること、チャレンジすることが大好きなのです。そして、獲物を追い「射止める」ことが大好きなのです。だからハンティングが好きなのですね。生きている動物を殺す野蛮なことではありますが、彼らのなかでは「殺す」ではなく、「追いかけて射止める」なのです。

彼にはチャレンジ好きなスポーツマンの血と、追って射止めたいハンターの血が流れ、あなたは言うなれば可愛いバンビちゃんです。

あなたを追わなきゃならない、チャレンジしなきゃならない「射止めたい！」という状況を常に用意しておくことも、長く続く恋愛の秘訣です。

たとえば

- **誘われたら断る**
- **電話が鳴っても取らない**
- **メッセージにすぐに返事しない**

すぐに連絡がつくよりも、なかなか連絡が取れないほうが、頻繁に連絡してくるということです。あなたは逃げ足の速い可愛いバンビちゃんであることを、忘れないようにしましょう！

Tip 81 ミステリアスな女になる

男性はミステリアスな女が好きです。つまりそれは「もっと知りたい」と思わせる部分を常に残せる女性。わかりやすく言うと、何でも洗いざらい、開けっぴろげにペラペラ話さない女性のことです。

毎日メールで今日の出来事を細かく報告してくる人よりも、何も言ってこない人のほうが気になります。

「昨日の夜、何してたの？」と彼に聞かれたら、ほとんど答えなくて丁度いいのです。何か隠してるみたいで、彼に誤解されたら嫌だとペラペラ話すのは逆効果です。

「ちょっと打ち合せで遅く帰った」とほんの少しの返事をすれば、彼は「打ち合せって誰と？ 何の？」「遅く帰ったって、何時ごろ？ なんで？ ご飯に行った？ どこの店？」と、多くの「知りたい」が頭のなかをグルグルまわり始めます。

すべて語る女性よりも、ほんの少しだけ語る女性に男性は魅力を感じるのですね。

そして語らない部分がミステリアスになるわけです。

デートでの会話も、彼からの質問には半分程度で答え、「もっと知りたい」と思わせる部分をいつも残しておきましょう。

これは恋人になっても、結婚しても同じです。「聞いて、聞いて」と、追いかけまわし、ちっとも私の話を聞いてくれないと怒る人がいますが、これは話しすぎるのが原因です。「ところで、この間のあれどうなった？」とあちらから聞いてくるように「もっと知りたい」をいつも残しておきましょう。彼の心を惹きつけるミステリアスな女を目指していきましょう！

Tip 82

大人の恋愛は信頼がベース

大人の恋愛は信頼がベースにあります。信頼とは、隠し事やうしろめたいことがないことを証明し合い築かれるものではありません。気持ちに気持ちで応えていくことです。愛されている、大切にされているという実感がすべてです。

恋人でも夫婦でも、お互いのプライバシーを尊重し合うのは大切です。彼には彼のスペースがあり、自分の知らない人間関係があり、自分には言わずに飲みに行くことだってあるでしょう。**彼の時間を彼がどう過ごそうと気にしないでいられることが、信頼や愛のある関係です。**

たとえば今のカップルに多い、携帯電話はお互いにいつでも見ていい、メールも見ていい。それが本当の「愛」の証明、裏切っていないという証明になるでしょうか？

そして、本当にそんなことが必要でしょうか？

自分を疑っている人と一緒にいるのは、誰だって居心地が悪いものです。いつも行動を監視され、見張られているような息苦しい空間から出ていきたいと思うでしょう。彼をそんな気持ちにさせないために、お互いのプライバシーを尊重し合いましょう。ひとりの時間や空間を尊重し、監視しないことです。それが無理だとしたら、ふたりの間にはまだ「信頼」が育っていないということ。本当の愛が育っていないということです。

長く付き合える恋人とは、自分を信頼してくれる人です。深夜に帰宅したあなたに「どこに行ってたんだ！」と問いただすのではなく、「遅くまでお疲れさん。お風呂が沸いているよ」と優しい声をかけてくれる人です。

大人は大人の恋愛、監視不要のとろけるような恋を楽しんでいきましょう。あなたを愛しているのなら、彼はあなたを傷つけるような裏切りはしません。信頼には信頼で応える安らぎがいつもあります。

Tip 83 誰にだって過去はある

恋人というのは、秘密や隠し事のないオープンな関係だからと、自分の過去を洗いざらい話していませんか？ 彼が知りたがっているのではなく、自分が話すことでスッキリしたいというのが理由ならば、聞かされた彼には逆に重荷となる場合があります。

誰にだって過去はあります。その過去をすべてシェアする必要はありません。これからのふたりの生活にとって知っておくべき事柄以外は、話す必要はないのです。話さないのは秘密だからではなく、不要な情報だからです。

以前の恋人と別れた理由は「うまくいかなかったの」でピリオドです。彼が浮気した、独占欲が強かった、暴力を振るった、無職になったなどの具体的な理由は「不要な情報」です。こんなに辛い目に遭ったという話をして、彼に「大丈夫、俺が幸せにしてやるから」という言葉を期待しても、逆にその言葉は遠のきます。なぜなら、彼は辛い過去の話など聞きたくないからです。これは女性と真逆なのですね。女性には母性があるので「私が守ってあげる」という気持ちが湧いてきますが、男性は違います。

元カレと別れた理由を話すなら、「性格が合わなかった」「生活リズムが合わなかった」などと、サラッと話しましょう。あなたも彼の過去を根掘り葉掘り聞き出すのはやめましょう。元カノがどんな容姿なのか写真を見せてもらったり、彼女のフェイスブックをフォローしたりはやめましょう。あなたにはまったく関係のない人なのですから。

彼が知っておくべき事柄があれば、ふたりの関係の進展に合わせて少しずつ話していきましょう。**彼があえて知る必要のないことは話さなくていいのです**。自分の過去よりも、ふたりの未来について語るほうが楽しいですよね！

Tip 84

ふたりの関係が前に進まないとき

交際期間が長い彼はいるものの、結婚の「け」の字もないと毎日ため息が出ていませんか？　彼が結婚に踏み切れないのは、永遠の愛を貫く自信がないというよりも、今はまだそのときではない、責任に対して不安がある、形式にとらわれたくないなどさまざまです。

もしあなたのなかに「このまま付き合っていて結婚はあるのか？」という疑問があるのなら、自問自答するのはやめて彼に素直に聞きましょう。そして、彼の人生設計と、あなたの人生設計がマッチしているかを確認しましょう。怖くて聞けないからと悩んでいることはわかります。しかし、これはあなたの人生の決断に非常に大切なことです。

彼に大切な話をしたいことを告げ、いつ時間が取れるかを聞きましょう。デートで彼が上機嫌のときに、**おまけのように話を切り出したりせず、このことだけを話す時間を設けましょう。**男性はこんな場面は苦手で、気重だから嫌いという人が多くいます。しかし、あなたを愛しているのなら必ず時間を作って向き合ってくれます。もし彼が避けるとしたら、彼に聞くまでもなくそれが返事です。人生の重大な場面であなたにしっかり向き合ってくれない人は、結婚相手にはふさわしくありません。

彼に話すときは、素直な気持ちで自分の人生設計を語りましょう。子供が欲しい場合は、女性には出産リミットがあることなども加えて、彼にはあなたと結婚し、家庭を持つ人生設計があるのかを聞いてみましょう。もし彼が「今は考えられない」「今はそのプランはない」「わからない」と答えたら、これが彼の素直な気持ちです。

彼が時間をくれたこと、あなたの思いを聞いてくれたこと、彼の考えを話してくれたことに感謝しましょう。そして、この答えが得られた今、自分はどうすべきかを冷静に考えましょう。あとはあなたの選択のみです。

結婚は、ふたりの気持ちがそれを求めたときにするものです。お互い同じ方向を見て、手をつないで仲良く歩き続けることですよね。そこに家族が一人、二人と増えても、子供はいつか巣立っていきます。残されたあなたと彼の手にはしわが増えたけれど、しっかり握り合っている。お互いの足取りを気遣いながら、笑顔で歩み続けることが結婚の幸せです。

仮に逃げ腰の彼と無理やり結婚しても、結婚生活にこのような幸せがあるかはわかりません。同じ方向を見て、ずっと手をつないでいてくれるかもわかりません。縄で縛ってあなたが彼を引きずって歩くなんて、辛い人生です。

人生には、究極の質問をせねばならないことが何度もあります。答えを聞くのが怖くても、自分の幸せのために必要なことなのですね。たとえそこで傷ついたとしても、「幸せになるための質問」なのですから落ち込むことはありません。あとは幸せになるだけなのですから。

前に進まない関係、このままでいいのかと不安に包まれたときは、勇気を出して彼に聞いてみましょう。あなたを失いたくない彼は、慌てて婚約指輪を買いに走るかもしれません。彼にとっても、人生を真剣に考えるいいきっかけになるはずです。

Tip 85 恋の炎を燃やし続ける工夫を怠らない

ニューヨークのカップルはデートの時間を大切にしています。同棲や結婚をしても、ロマンチックな時間や演出に手を抜きません。花束をプレゼントしたり、キャンドルに照らされたレストランでラブラブのディナーを楽しんだり、出会ったころと変わらない時間を過ごします。

これは、お互いを見つめ合う時間なのですね。交際期間が長くなってくると、一緒にいる安心感が慣れとなり、燃えるような恋をしたあのころの心境から遠ざかってしまうことがあります。同じテレビを見る時間が増えるにつれて、お互いを見つめ合う時間は減ります。女性はそんな日々を単調で退屈だと感じ、男性はもっと自分に女を感じさせてほしいと不満をつのらせます。

付き合って間もないころは、会えないときはお互いを恋しく思い、会えたときは周囲が目に入らないほどお互いを見つめ合ってきたはずです。そんな恋心を鎮火させないために、いつまでも恋人気分でデートを楽しみましょう。

あなたが着用するのは彼が喜ぶ装いです。ちょっぴり女を感じさせるドレスにハイヒール、もちろんセクシーな下着もお忘れなく。髪をキレイに整え、いつもより濃い口紅をつけましょう。自分が女であることを忘れないと同時に、**彼にあなたが「女」であることを忘れさせないこと**。こんな小さな努力が、彼のハートを燃やし続けます。

あなたも日ごろパッとさえない彼が、土曜日だけいい男に変身してあなたをレディ扱いしてくれたら嬉しいでしょう? 同じワインでも、家で飲むのとは味が違い、いい気分で酔えるものです。これは男性も同じなのですね。デートの最後は、「今日ね、パンティ穿《は》き忘れちゃった。早く帰ろう♪」と意味深な言葉を耳元でささやきましょう。彼は間違いなく大喜びします。たとえ楽ちんだからと、おへその上まであるパンツを穿いていても、それは秘密です。家に着いたらすぐに脱いで隠しましょう。彼をがっかりさせてはダメです。

いつまでもお互いに興味を持ち、恋の炎を燃やし続けるには、昔をそのまま継続することなのです。そのなかの一つ、誰でもできることが「デート」です。**子供は同伴しないふたりだけのロマンチックな時間を大切にしましょう。**

一緒に生活し始めると、デート代が浮いて節約になると考える人もいますが、幸せなふたりの行く末を願うならデートはし続けましょう。デート代は恋の炎を燃やし続けるガソリン代です。

Tip 86

男と女はまったく違う生き物

男は火星人、女は金星人とたとえられるように、同じ人間でもその思考や特性は異星人ほど違います。長く一緒に生活していくためには、まず根本的に違う生き物であることを知っておくと、ストレスフリーで彼を理解できます。

たとえば、同棲中のあなたと彼は、まだ夫婦ではないのに、家事全般はあなたが担当しています。共働きで生活パターンはまったく同じなのに、彼はゴロゴロするばかりで手伝ってくれない。「たまには手伝ってよ」と言えば、手伝ってくれるけれどそのときかぎり。言わないと手伝わない彼に、いつもイライラ、カリカリしてしまう。

これは彼が不精者というよりも、男性はみな同じなのです。**男性は「察する」のが苦手です。**彼らは女性のイライラ、カリカリの原因を探るのが苦手なのです。これは世界共通です。

あなたが当てつけるように仁王立ちで、洗濯物の山をドサーッと彼の目の前に放り出しても、彼にとっては嫌味ではありません。あなたの意味不明な行動に「俺、何か悪いことでもした？？」と首をかしげる程度でしょう。その鈍い反応が、あなたをさらにカリカリさせると思いますが、これが男性なのです。

しかし怒りはここまでです。問題はすぐに解決できます。**男性は、はっきり結論のある話をすれば、すんなり理解します。**「お料理全般は私がするから、洗濯物関係はあなたが担当してね。洗濯して、干して、取り入れて、たたんで、アイロンかけもお願いね」。

男性は「結論」を理解する生き物なので、このように結論をつけて優しく話すと「OK！」と引き受けてくれます。

そして任せたかぎりは小姑のように細かくチェックして、チクチク嫌味を言ったりせず、大きな心でドーンと任せましょう。彼には彼のやり方や進め方があります。たたみ方が少々気に入らなくても、**「ありがとう」を忘れないようにしましょうね！**

Tip 87 セックスを楽しむ

何につけてもオープンな国アメリカは、セックスに関しても同じです。

カップルで楽しむセックスグッズのお店は、オーガニックジュースショップのように爽やかです。日本では「大人のおもちゃ」として、なんだか薄暗く隠れてこっそり入るような店構えですが、アメリカは普通のショップと同じようにガラス張りでオープンです。**性欲は人間誰もが持つ欲の一つ、隠れてコソコソする陰湿なことではないのですね。**

ニューヨークの5番街には「セックスミュージアム」があり、いつもたくさんの人で賑わっています。ガラス張りの1階はセックスグッズや本などあらゆるものが売られています。カップル、グループなど大人は気軽に入って興味のある品々を楽しくチェックしています。そんな光景を目にするたびに、セックスは卑猥《ひわい》なものではなく、コーヒーのように日常に溶け込むものだという欧米スタイルに共感をおぼえます。

セックスは、ふたりだけが理解できることを、ふたりで楽しむものです。こんなことしたい、あんなことしたい、ふたりが感じ合えることをふたりで見つけていくことなのですね。セックスはふたりでするものですから、あなたも彼も双方が楽しめるものであることが基本です。一緒にアダルトビデオを見たり、セックスグッズを使ってみたり、ロマンチックなバスタイムを楽しんだり。他人に知られたら恥ずかしいことでも、ふたりが楽しければそれでOKなのです。**セックスを大切にしているカップルは、いつまでもラブラブでいられます。**逆にセックスを面倒くさいと位置づけると、カップルの関係に少しずつヒビが入ります。

とはいえデートのたびにセックスになると、「もしかして私の体が目的なの?」と頭に疑問がチラつくのではないでしょうか。そんなときはルールを決めましょう。「週2回会っているとすれば、そのうちの1回だけセックスをする」などです。あなたを愛していれば、彼はあなたを尊重してくれます。あなたが何よりも大切なのですから。

同棲や既婚の忙しいカップルは、水曜日と土曜日というようにセックスする日を決めておくのもお勧めです。今日は待ちに待った水曜日だと、彼を朝からワクワクさせてあげるのもカップル円満の秘訣です。たとえ疲れていてもキャンセルせず、「今日は早く帰ってきてね」とお誘いメールを送りましょう。彼はすっ飛んで帰ってきます。

男性はセックスが大好きです。それは彼が変態だとか、性欲が強いというのではなく、男だからなのです。女性とは構造がまったく違うことを理解してあげるのは、カップルならば大切なことです。逆にあなたが生理で体が辛いときに、彼が理解して優しく接してくれたら嬉しいですよね。これと同じです。

最後に、野蛮なアダルトビデオや漫画のような暴力的なセックス、彼だけが満足して終わってしまうものをセックスとは言いません。もし彼がそんな肉体関係をあなたに求める場合は、すぐに彼から離れましょう。彼を楽しませ、満足させるということは、彼にしたい放題、やりたい放題にさせることとは違います。セックスはふたりで楽しむものであること、忘れないでくださいね。

そして、避妊に非協力的な彼は、セックスする相手ではありません。あなたの体を大切に考えない人、命の誕生を軽視する人は、あなたが一緒にいるべき人ではありません。避妊しないセックスは、ふたりが子供の誕生を心から望んでいるときだけです。

自分も楽しみ、彼も楽しむセックスをふたりで創っていきましょう。**セックスに前向きであることは幸せにつながり、永遠に愛され続ける秘訣です！**

Tip 88 恋愛と仕事のバランスを保つ

ニューヨークの女性は、恋に仕事に生きるのが上手です。すべての中心にあるのは自分であり、自分がどうしたいかを大切にしています。

一方、日本の女性は彼の意見を中心に自分の人生を構築するように感じます。彼が仕事を辞めてくれと言えば、長年のキャリアを簡単に手放してしまう。自分はもっと仕事を頑張りたいと思っても、彼の意向を尊重してしまう。いかがでしょうか？

これは愛する人を中心に人生をまわしていきたい思考が強いのだと思いますが、自分の人生の大半を彼で占めてしまうことはダメです。彼との関係が上手くいかなくなった場合、自分の人生すべてが上手くいかなくなるからです。これはリスクが大きすぎます。

恋人や結婚相手がいても、自分の世界はしっかり持っておきましょう。恋愛と仕事、どちらも大切にしていきましょう。この両方は自分を女として、人として大きく成長させてくれます。

Tip
89

共通の趣味を持つ

ニューヨークでは、一緒に運動するカップルがたくさんいます。ランニング、サイクリング、ウォーキングなどです。一緒に楽しむことがあると、趣味の仲間が増えたり、カップルでサークルに属したりなど楽しい交流が広がっていきます。彼と過ごす楽しい時間が増えていきます。

一緒に楽しめることが多ければ多いほど、仲良しでいられます。あなたは彼と共通の趣味がありますか？　もしなければ、一緒に楽しめることを見つけましょう。そして、週一回でも一緒に楽しむ時間を持ちましょう。

Tip 90 いつまでも恋人であり続ける

女性はよく気が利く優しい心配りのできる生き物です。これは母性によるものですが、**長く付き合っていると、彼に対して母親化してしまうことがあります**。世話を焼きすぎてしまうのですね。

これは男性の立場からすると、お母さんと一緒にいるみたいで恋人気分が冷めてしまうので要注意です。

レストランで、「あー、またこぼした」と母親っぽく言わずに、恋人っぽく「シャツにソースが飛んじゃったね」と教えてあげましょう。彼は感謝しながら「明日クリーニングに出すね」と言うでしょう。間違っても「ナプキン首に挟んだら」なんて言わないようにしましょう。お子様とデートしているあなた、母親とデートしている彼。ここにロマンチックはありません。

いつまでも恋人であり続けるために必要なのは、ロマンチックなシチュエーションと気分です！　交際期間が長くなればなるほど薄れがちだからこそ、気をつけていきましょうね。

男性はみんなロマンチストです。照れで「そんなのできるかい！」と言う彼も、キャンドルライトに照らされたバブルバスは夢であり憧れです。たまには映画のようにシャンパンと割れないプラスチックのグラスを持参して、一緒にバスタイムを楽しみましょう。いつまでも恋人であり続けるために。

七章

有意義な人間関係を築くためのヒント

RELATIONSHIP

たった一度の人生、たくさんの人に出会うことで
人生がさらに豊かなものになります。
人間関係の悩みは解決し、
ひとまわり大きい自分に成長していきましょう。

Tip 91

自分を上昇気流に乗せたいのなら、付き合う人を選ぶ

大人の人間関係で大切なことは、自分にいい影響を与えてくれる人を選んでお付き合いすることです。来る者拒まずは子供時代で、大人になればスマートに選択する必要があります。

たとえば、「ひとりでいたくないから」という理由だけで、気が合わない、ネガティブで不平不満や愚痴ばかり話す人といつも行動を共にしていると、あなたの人生は下降します。

あなたが前向きに頑張ろうと思っていても、その人があなたをいつもマイナスに引っ張ります。その人との友人関係をやめることはありません。「いつも一緒に行動」するのはやめ、ふたりの共通の事柄だけを一緒に楽しむ関係にしましょう。

たとえば、同じミュージシャンが好きなら、コンサートだけ一緒に行って楽しむ関係です。こうすることで、あなたをいつも不快な気持ちにするマイナスを断ち切ることができます。

一緒に遊んでくれるなら誰でもいいという考えは卒業し、これからは、付き合う人を選んでいきましょう。**前向きな人、ポジティブな人、誠実な人、努力を重ねて成功している人など、すでに上昇気流に乗っている人たちと付き合うことで、あなたも上昇気流に乗っていけますよ！**

Tip 92 生涯に出会いたい3人の友

「人生は、出会った人の数で決まる」という言葉を耳にすることがあります。この言葉のとらえ方は人それぞれ違いますが、人生にはいい出会いもあれば、残念な出会いもあり、出会いのなかで自己成長できるのは確かです。

私はニューヨークの友人たちとの交流のなかで、共通する一つのことに気づきました。それは、生涯でこの「3人の友」に出会えれば、幸せだというものです。

1. 自分にたくさんの学びを与えてくれるメンター

2. 自分を高めてくれる人

3. 自分と苦楽を共に歩んでくれる人

1番目のメンターとは、良き指導者や助言者のことで、恩師であったりお父さんだという人もいます。あなたに必要なこと、大切なことを的確に言ってくれる人です。どんなに厳しい内容でも、あなたはいつも素直な心で耳を傾け、受け入れることができます。たくさんの学びを与えてくれるメンターは、言うなればあなたの生きる教科書であり、人生のお手本となる人です。

2番目は、あなたをいつも前向きにポジティブな気持ちにさせてくれる人です。上昇志向が強く、明るく元気に人生を歩むその人は、あなたの気持ちや行動を押し上げてくれます。

3番目は、いわゆるパートナーですね。辛いことも楽しいことも、すべてを共有してくれる人です。

たとえば、一人の人がこの3つを兼ね備えている場合もあるかもしれません。それは大変素敵なことですが、一人ではなく、違う世界に生きる、違う視点を持つ3人であることが、意味のあることなのです。

ニューヨークの多くの友人たちは、この3人の友を持っています。だから何があってもめげることなく、輝きながら人生を歩んでいけるのですね。

私にはまだ3番目の友が見つかっていませんが、いつか必ずどこかで出会える日を楽しみにワクワクしています。

あなたもぜひ、この3人の友を見つけて人生をさらに輝かせていきましょう！

Tip 93

年の差のある友人を持つ

あなたは年代の違う友人がいますか？　感覚で感じる「年上？ 年下？」ではなく、世代の違いを感じるくらい年の離れた友人です。

違う年代の人の考え方やとらえ方は、すごく新鮮なものです。自分の偏りに気づいたり、人間の幅をもたらしてくれます。**若い世代の友人からは元気のパワーをもらい、世代が上の友人からは、生活や人生の知恵がもらえる。**同年代の友人たちとはまた違った話題と会話が楽しいものです。自分の世界がグーンと広がり刺激的ですよ。

Tip 94

いろんな世界に友人を持つ

ＳＮＳの発展で、誰とでも交流ができる時代になりました。まだ訪れたことがない海外に住む人とさえ、ＳＮＳを介してつながることができるなんて素敵ですよね。

いろんな世界に友人がいると毎日楽しく過ごせます。趣味、地域、学びたいなと思っていること、他国に住む人たちなど、「世界」はさまざまです。あなたの興味のある世界に人間関係を築いていきましょう。サークルやグループがあれば参加しながら、友人を作っていきましょう。広い世界に生きる自分に変わっていけます。

Tip 95 誘われたら、行ってみる

行ったことのない集《つど》いに誘われた。興味はあるけれど、知らない人と交わるのが気重で、いつも断ってしまうという人がいるのではないでしょうか。

誘われたら、行ってみましょう。これは新しい世界の扉を開けるようなものです。新しい扉の向こうには、自分の人生に存在しなかった人たちがいるかもしれません。新しい世界、新しい人たち、新しい刺激には必ず得るものがあります。もちろん、ときには「来るんじゃなかった……」という経験もあるでしょうが、それも今後の教訓になります。

まずは、「行ったかぎりは収穫を得る。手ぶらでは絶対に帰らない」という意識を持つことです。これは、お気に入りの男性をお持ち帰りする、電話番号をゲットする

という意味ではなく、「自分のプラスになることを得る」という意味です。

たとえば、貴重な情報、自分とは違う視点、自分の探していたご縁、新しい料理や盛りつけ方、ＢＧＭに流れていた美しい音楽など、たくさんあります。

「知らない人」に向いている視点を別のものに変えればいいのです。何か「新しい」を持ち帰る計画があると、気重がルンルンに変わります。

Tip 96 人見知りを矯正する

人見知りの大きな原因には、過去のトラウマ、自信がない、人が自分をどう思うか不安に感じる、などがあります。

人間関係の始まりは、「笑顔と挨拶」です。最高の笑顔で自分から「はじめまして、〇〇です」と挨拶するだけでバッチリです。相手はあなたに「自分に声をかけてくれた人」として好印象を抱き、間違いなくあなたを受け入れてくれます。そして相手も名乗り、そこからスモールトークを始めればいいのです。

最高の笑顔を添えて、知らない人に自分から挨拶しましょう。その人が声をかけてくれるのを待ったり、声がかからないことを無視されたとか、自分はつまらなそうだからなんて悲観的に考えないこと。**楽観的に考えましょう。**

スモールトークの話題は、お互いに共通のことから選びましょう。たとえば、「この会は初めてでいらっしゃいますか？　私は○○さんに誘われて初参加です」。また**視界に入ることから話題を選ぶと途切れません。**たとえば、会場の雰囲気、相手のお皿にのっている料理、その人の装いなどですね。そして、相手の会話には、ところどころで相槌を打ちましょう。

数分程度のスモールトークを終えたら区切れのいいところで、「もう少しおかわりを取ってきますね」というような挨拶に笑顔を添えて、その場を一旦離れましょう。トイレに駆け込み深呼吸しながら、無事やり遂げた自分を褒めましょう！

人見知りは場数で矯正されていきます。笑顔で自分から挨拶を、会場中の人と練習のつもりでやってみましょう。すると、会話上手な人の話し方や素敵なしぐさに気づくなど、必ず学びがあります。そして「これはいい」と思ったことを、次の人で練習してみましょう。

会話の上手な人は、こうやって場数を踏み、ときに失敗しながら身につけています。最初は人見知りの内弁慶でも、やっているうちに慣れてきます。そしていつしか、社交性に富んだ人になっていけます。みんな同じです。誰だって知らない人と話すのは不安ですが、その不安を自分の笑顔と挨拶で吹き飛ばしています。

相手があなたをどう思うかなんて気にすることはありません。今、出会ったばかりのあなたを知らない人の評価なんて、なんの意味もありません。お寿司を初めて食べた外国人に「寿司はまずい」と言われても、「あーそうですか」で終わりですよね。これと同じことです。「お寿司は美味しい♪」。それを知っているあなたの心は痛くもかゆくもありません。これぞ人見知り矯正に役立つ楽観的な心意気です。

Tip 97

会話に困ったときは、世界基準の「たちつてと」

世界中の誰とでも会話がつながる、魔法のキーワード「たちつてと」。

た：食べ物
ち：地域
つ：通勤
て：天気
と：富（景気）

ニューヨークではお天気の話をすることが多いので、いつも「週間天気予報」をチェックし、頭に入れています。あなたも毎朝、世間話のネタを準備しておくと、その日一日誰にでも「リピート」できますよ。

Tip 98

大人になれば変わる友人関係

学生から社会人になり、大きく変わることの一つが友人関係です。学生時代は、右も左も友人だらけだったのに、社会に出た途端、周囲には友人が一人もいなくなってしまった。以前は毎日のように食事や遊びに誘われていたのに、今は誰からも誘われない。一体、私の友人たちはどこへ消えたの？　久しぶりに仲良しのA子と連絡がついたと思ったら、職場の人たちとの交流で忙しく「ごめん。また今度」と簡単に断られてしまった。

このように、環境やライフスタイルの変化により、突然友人たちと離れてしまうことがあります。お互いが毎日に一生懸命で、以前のような密接な関係が築けなくなってしまったということなのですね。これは、あなたを嫌いになった、一緒にいて楽しくないという理由ではなく、新しい世界には新しい人間関係があるということです。

友達が減った、誰も連絡してくれない、誘っても断られたと落ち込んだりせず、あなたも新しい世界で、新しい人間関係を築いていきましょう。

Tip 99 彼女の事情を汲《く》んであげる優しさ

人付き合いで大切なことの一つが、相手の状況を汲んであげることです。たとえば学生時代の親友から返事がないのは、返事ができない、返事をする気になれないなど、何か心理的な理由があるかもしれません。幸せそうなあなたに、(今は)会いたくない、距離を置きたいと感じているのかもしれません。

人生は、比べっこでも、競争でもないとわかっているし、親友ならば、自分の情けない姿を包み隠さず見せることができそうなものですが、心のどこかで自分のプライドが、それを制しているのかもしれません。そんな気持ちもわかりますよね。

返事をしてこないのは、彼女の事情によるものです。「無視」という冷たい行為をわざとしたのではなく、そうせざるをえない状況にあるのかもしれません。**彼女の事情は、彼女にしかわからないことなのです。**

いろいろ憶測したりせず、いずれ彼女が連絡してくれる日まで心の扉を開けて待っていてあげましょう。今までと同じように年賀状を出し、「また時間ができたら、連絡してね」と連絡しやすいひと言を添えてあげましょう。

いつかきっと昔のように楽しいひとときを過ごす日がやってくるはずです。その日まで、彼女の事情をそっと見守ってあげましょう。

「長い間連絡せずにゴメンネ」と言えば、「ちっとも気にしてないよ」と優しく受け入れてあげましょう。これが本当の大人の優しさです。

Tip 100 他人の悪口は言わない

悪口を言いたくなることって誰にでもありますよね。とんでもない意地悪をされたり、自分のやりたくない仕事を押しつけられたりすれば、誰かに「ちょっと聞いて」となるのが自然なことかもしれません。

しかし、大人になれば心しなければならないことがあります。それは「口は災いの元」です。**悪口は必ず時を経て自分に返ってきます。**

世間は広いようで狭いものです。あなたの悪口を誰が聞き、どう拡散されるかわかりません。それにより信頼を失ったり、干されたり、頑張ってきたことが見事につぶれてしまったり、悪口の代償ははかり知れません。

たとえ冗談の軽いものでも、「悪口は言わない」を徹しましょう。

Tip 101

友人は夜空に輝く美しい星

私が大好きな西洋のことわざの一つに、

「素晴らしい友は、夜空に輝く美しい星のようなもの。会えなくても、いつも見守っていてくれる」

(Good friends are like stars.You don't always see them, but you know they're always there.) があります。

いい友人関係で結ばれているということは、会う頻度で結びつきが強まったり弱まったりしないということです。本当の意味で心の結びつきがあり。会えなくても話さなくても、心に寄り添っていてくれ、見守っていてくれる。これが本当の友なのですよね。

八章

真の大人になるためのヒント

ADULT

真の大人とは、年齢とはまったく関係ありません。
誰にでも分け隔てなく優しく、上品で、自分を自慢しない、
国際感覚を身につけた誰からも愛される
素敵な大人になりましょう。

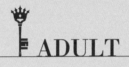

Tip
102 言葉はその人を映す鏡

ニューヨークのど真ん中で、どこからともなく聞こえてくる「エリカさ～ん、エリカさ～ん」という声。これがただの「エリカ～」なら、私を呼んでいるとはかぎりませんが、「さんづけということは私?・?・」と辺りを見まわしました。すると、通りの反対側で手を振っている男性が見えました。インド料理店で働くナンダです。昔日本に留学したことがあるらしく日本語を話します。道路を横断して来たナンダは「エリカさん、こんにちは。お元気ですか?・」と丁寧な挨拶で会話を始めました。時間のない私はパパッと返事をしながら、ナンダの日本語のほうがよほど正しく流暢《りゅうちょう》であることに苦笑しました。

彼の日本語は、高等教育を受けたことを感じさせます。言葉はその人を映し出す鏡です。**言葉使いは、あなたの品性や生き方までも相手に伝えます。**乱暴で雑な言葉を使うと、毎日の生活も雑で投げやりに生きている印象につながります。

もしあなたが、かっこいい、面白い、流行という理由で乱雑な言葉を使っているなら、今すぐ改めましょう。「友人間や家でだけ」と決めていても、日常の思わぬところでポロッと出ます。

Tip 103

話すよりも聞く

一歩上を行く大人のコミュニケーションは、「話すよりも聞く」を重んじることです。聞くことで養われる能力はたくさんあります。たとえば、分析力や判断力など、相手の話の真意や意図を見極められるようになります。**成功者は聞き上手**と言われるのも、こんな理由からなのですね。

仕事にかぎらずプライベートでも同じです。友人やパートナーの話を聞くことに重きを置いている人は、いい関係で結ばれています。相手に向き合い、心を開いて「聞いていますよ」という姿勢は、単なる聞き役や愚痴のはけ口扱いされることはありません。「いつも聞いてくれてありがとう」という感謝が必ずついてきます。

Tip 104 人を年齢、性別、容姿で判断しない

ニューヨーク生活で感じる素晴らしさの一つが、「人を人として尊重する」意識の高さです。**目の前の人を年齢・性別・容姿に関係なく、純粋に「人として視る」ことは、グローバルスタンダードです。**これが身につくと、たとえばイケメンだとドキドキしたり、年長者に緊張したりという不要な心の揺れがなくなります。

日本人は無意識にいつもこの3つ（年齢・性別・容姿）で人をはかってしまうことが多いように感じます。

たとえば、

「この人は私より若そうだけど、私の先輩になるわけ？」

「社長は男だと思ったら、なんだ女か」

「この人、いつも派手な服装で、性格もキツそう」

出会いの瞬間に「年齢・性別・容姿」から人を見てしまう癖をなくしましょう。目の前の人を「人として尊重」でき、いつも堂々と誰にでも同じように接することができるようになりますよ。

また、自分を中心に年上、年下と年齢で態度を変えるのは、いただけません。**年齢で人を振り分けたりせず、誰にでも同じように接する人は品格を感じさせます。**年上には敬語、年下にはタメ口などと分けたりせず、誰にでも丁寧な言葉で話せるのが真の大人です。

グローバルスタンダードを身につけ、自分を国際化していきましょう！

Tip 105 朝のすきま時間に、ニュースのヘッドラインを読む

慌ただしい朝に、ほんの少しのすきま時間を見つけてニュースのヘッドラインを読

みましょう。日本や世界の動きに敏感に生きることは、知的度アップにつながります。

そして、その日の会話に磨きがかかること間違いなしです。

「アッ、これはA子に教えてあげよう」というような、友人が以前から探していた情報を見つけることもあるでしょう。すぐに知らせてあげることで、友情が深まりますよね。興味がないことでも、「ニュースのヘッドラインは読む」を習慣にしていきましょう。

Tip 106 情報は鵜《う》呑《の》みにせず選別する

情報量が多い今の時代、不要で危険な情報もたくさんあります。「エッ、ホント?」とあなたの心を瞬時に惹きつけ、お金を騙《だま》し取ろうとするような悪徳ビジネスも多くあります。一度苦い経験をすると学びにつながるものですが、情報を鵜呑みにする癖があると、また同じ目に遭ってしまいます。

そこで必要になってくるのが情報を選別する力です。「信じる、信じない」「必要、不要」と分けることで、自分をしっかり持つことができます。情報に引っかきまわされない「自分軸がビシッと立った人」になれるのです。

これは初めてのデートでも応用できます。相手のことをよく知らない関係で、相手の言葉を鵜呑みにするのは危険です。彼が発信する情報は選別していきましょう。**確認できないことは「要確認」という位置づけにする**ことがスマートです。

Tip 107 テーブルマナーを身につける

ニューヨークでは、顧客相手に仕事をする大きな会社は、社員にマナー講座を受けさせるところもあります。特にテーブルマナーは重要です。大切な顧客とのディナーで失礼があれば、数億円の契約が水の泡にもなりかねない世界ですから、会社も社員も真剣です。

社会人になると、いろんな人と食事をする機会が増えます。また、日本食、洋食、立食式、着座式とさまざまで、マナーブックが手放せないという人も多いのではないでしょうか。本で勉強したり経験のなかで学んでいくと、物怖じしない自信へとつながっていきます。

もし、これが上手に食べられないというものがあれば、どんどん練習しましょう。骨つきのお魚は七回も練習すればきれいに食べられるようになります。日本人なのに知らなかったというお箸の作法もたくさんあり、学びだすと楽しいものです。

一生役立つテーブルマナーを身につけましょう。海外旅行のレストランでも緊張せずに食事が楽しめるようになりますよ。

Tip 108 パンは左、グラスは右

「このパン美味しい」と十人がけの円卓テーブルの左横で微笑むマイク。どれどれ私もと思ったら、私のパン皿にパンがない。マイクのパン皿を見るとパンがのっていま

した。「私のパン返して」なんて大人げないことは控えて、ウエイターに小声で注文しました。

洋食で一番多いミスがパンです。「パンは左、グラスは右」です。右側のパンは右隣の人のパンになりますが、右利きだとついパッと右側のパンに手が伸びてしまうのですね。

他にも、**グラスは柄を持つこと、小指は立てない、ナプキンは席に座ったらすぐに二つ折りにして折り目を自分に向けて膝に置きましょう。中座するときは椅子の上に置くこと。テーブルに置くのは帰るときだけです。畳まずにテーブルにナプキンを置くのは「美味しかった。また来ます」のサインで、きれいに畳んで置くのは「もう二度と来ません」のサインです。**「わー、逆にしてたー」という人がいるのではないでしょうか。

Tip
109
文《ふ》箱を持つ

あなたは「文箱」を持っていますか？

冠婚葬祭用ののし袋やぽち袋、素敵な便箋や旅先で買った絵葉書を「文箱」にまとめて入れておくと素敵です。筆ペンと手紙の書き方の本、記念切手やのりなどをまとめておけば、いざというときにも慌てません。

私は父からもらった漆の文箱を大切に使っています。ふたを開ければ、誰かに何かを書きたくなります。パソコンの普及で書くことが少なくなったからこそ、文箱から便箋を取り出して手紙を書くことを大切にしていきたいですよね。

Tip
110
30代半ばで結婚せずごめんなさい

30代半ばにさしかかり、「自分が幸せならこれでいいじゃない」と思う反面、未婚であることを両親に申し訳なく思ってしまう。このような葛藤を抱えている人がいます。

たとえば、

・受験に失敗し、親が期待していた学校に入れなかった
・就職に失敗し、親が期待していた会社に入れなかった
・元気なうちに孫を抱かせてあげることができなかった
・旅行につれて行ってあげたかったのに、自分の生活に必死で実現できなかった

このように、「お母さんごめんなさい」を考え出したら、どんどん出てくるものです。
親が期待しているであろうことに応えられない自分を悔いながら生きるのは、果たし

てあなたらしい人生でしょうか？　幸せ、喜び、笑顔に満ち溢れた日々でしょうか？

親が本当に望んでいることは、あなたが元気で幸せでいてくれることです。あなたが生まれてから愛情を注ぎ、大切に育ててきました。それは、期待に応えてほしいからではなく、あなたに幸せな人生を歩んでほしいからです。

親が30代半ばで独身のあなたを心配しているとしたら、それは期待からくる心配ではなく、愛情からの心配です。親の愛情を英語で「アンコンディショナルラブ(unconditional love)」といいます。これは、愛の上をいく「極上の愛」、見返りを求めない無償の愛です。あなたの幸せを心配せずにはいられないということなのですね。

親が嬉しく思うのは「結婚」という具体的なことではなく、あなたが自分の人生に責任を持ち、自分らしく輝きながら生きている姿です。あなたの「成長」を誇りに思い、自分たちの子育ては成功したんだと喜ばれることでしょう。そしていつもあなたを信じ応援してくれます。

親を大事にされている人ほど「ごめんなさい」がいつも心に重くのしかかるかもしれません。しかし、親が望んでいることは、あなたが幸せでいることだと気づいた今、心の葛藤を克服できるでしょう。

Tip 111 最高の親孝行

さあ、ニューヨークの女性たちのように、自分の幸せを自分で創っていきましょう！ **結婚しても、しなくても「幸せ」がベースにあればいつもハッピーです。**最高の親孝行は、親の期待に応えることではなく、あなたが幸せで、人生を楽しく生きていることです。

九章

壁にぶつかってもしなやかに生きるためのヒント

STRENGTH

誰の人生にも、壁にぶつかることは必ずあります。
「自分はダメな人間だ」「もう取り返しがつかない」など、
絶望的な気持ちになることもあるでしょう。
この章では、そんな一大事に役立つヒントをお教えします。

Tip 112

後悔をハッピーに変える

美容師さんに絶対に似合うと勧められ、髪をばっさりショートに切ったとします。ゆるっと可愛くなれると思ったら、なんと〝ちびまる子ちゃん〟みたいになってしまった。誰も似合うと言ってくれない。ただ気の毒そうに「なんで切ったの?」と質問される日々。「失恋で髪を切るって、今の時代でもあるんだ〜」と言われたときは、悲しさで発狂しそうになった。

「どうして、よく考えずに切っちゃったんだろう……」。このような後悔って、多かれ少なかれ誰にでもありますよね。

起きてしまったことに後悔し、過去の自分に問いかけてみたところで過去は何も答えてくれません。また、過去に戻ってやり直すこともできません。

後悔とは、過去の自分に語りかけるのではなく、今の自分に語りかけるものです。

どうすれば「後悔をハッピーに変えられるか」を考えましょう。

たとえば

1．今からまた髪を伸ばす

2．ショートが嫌なら、エクステンションをつける

3．〝ちびまる子ちゃん〟から、雰囲気の変わるスタイルに変えてみる

たくさんの方法が出てきます。**「どうして」という過去への問いかけから、「どうすれば」という今への問いかけにシフトできたとき、あなたの気持ちはポジティブに変わっていきます。**

Tip 113 後悔は、あなたを地の果てに叩き落とすものではない

人生で後悔することは、小さなことから大きなことまでたくさんあります。心が傷つき立ち直れない、涙が止まらない、失望や落胆もあることでしょう。しかし、**どれ**

もが自分を成長させてくれる「経験」です。

「あの後悔があったから、今の自分はこうなれた」と言えるようにつなげていきましょう。あなたの意識がそれを実現させます。

後悔は、あなたを地の果てに叩き落とすものではなく、地の果てに叩きつけた後、スーパーボールのように落ちた倍以上の高さで、ビヨーンと伸び上がるものです。それくらい自分を成長させてくれます。また、そうなるように、いつも天高く飛び上がる「スーパーボール」をイメージしましょう。

Tip 114 逆境のなかに希望を視るには

就職活動や婚活が上手く進まないとき、自信喪失してしまうことがあります。同じように活動していた友人たちは、自分よりも早く希望通りの結果を手にしている。彼女たちの幸せそうな姿を見るのが辛くて、顔を合わせないよう避けてしまうこともあるかもしれません。
本来、夢の生活を実現するための活動は、夢を叶えた自分の姿を想像しながらいきいきするものです。しかし、逆境に包まれると、視点が未来から足元に変わってしまうことがあります。

アイルランドの作家、フレデリック・ラングブリッジの素敵な言葉があります。

「二人の囚人が鉄格子の窓から外を眺めた
ひとりは泥を見た
ひとりは星を見た」

視点が違うと、視えるものが違います。そして、心のあり方次第で視点は変わります。**絶望的な人は、目の前に絶望しか見えません。希望に満ち溢れた人は、逆境のなかでも希望の光を見ます。**心のあり方次第で、自分に飛び込んでくるものが変わります。
逆境に直面したり、悩み事を抱えていたり、失敗で落ち込んでいるときこそ、心のスイッチを切り替えて、ネガティブな気持ちを追い払いましょう。

足元を見るのではなく、アゴをいつもより上げて遙か彼方を見ましょう。そうすれば、あなたの目に映るものや、心に飛び込んでくるものが180度変わります。

Tip 115 「選ばれない」意識は持たない

就職活動でなかなか内定がもらえなかったり、婚活パーティーでデートの申し込みがないと、「誰も自分を選んでくれない」ととらえてしまう人がいます。

この「選ばれない」という言葉は、「自分を選んで!」という気持ちにつながり、相手の求めるものに自分をすり合わせようとしてしまいます。本来の自分を見失ってしまうということなのですね。

「選ばれない」ではなく、「マッチしない」ととらえてみましょう。たとえば、相手は三角形を求め、あなたは円形だとします。相手が求めるものとあなたはマッチしなかった、合わなかっただけです。

会社という組織や、カップルの関係において歯車がピタッと合うからこそ、スムーズに回転し前に進めます。そう考えると「合う人を探す」のはもっともなことで、マッチしないことは誰にでもあります。

「選ばれない」という言葉は、あなたの輝きをくすませて、ネガティブに引っ張り込みます。この言葉はあなたの辞書から削除しましょう。自分の魅力を信じてポジティブに頑張っていきましょう！

Tip 116 人生の分岐点では、立ち止まってよく考える

慌しい日常のなかに見過ごしている大切なもの。「明日も通りかかるから、明日ゆっ

くり見よう」と、足早に通りすぎることがあります。

実は「立ち止まる」ことは、簡単なことのようで、時間的、精神的余裕がないと難しく、**「明日」と思った日は、自分で意識しないかぎり来ないものなのです。**

立ち止まって、目に飛び込んできた美しいものを眺め、心と対話する時間を大切にしましょう。これは、美しいものや興味深いものを眺めるときにかぎらず、今の自分はこれでいいのか、これから進む道はこれでいいのかと自分に問いかけてみることでもあります。

時間は、永遠に無限に広がるものですが、一人の人間に与えられた時間は有限です。人生に残された時間はかぎられているのですよね。

かぎられた貴重な時間を自分らしく生きるために、ときどき立ち止まって、自分と対話しましょう。こんな時間はもったいないと突っ走ることで得るものはありません。

ときどき立ち止まり、自分に問いかけることを大切にするのは、あなたの人生の舵取りをしっかりすることにつながっていきます。

Tip 117 夢を実現させるために

いつか叶えたい夢のある生活って素敵ですよね。しかし、どうすれば夢を実現できるのか、考えれば考えるほど混乱し、まとまらないことがあります。

実は、夢を実現するために考えることは、すごくシンプルです。

一歩前進するために、今日何をするか。

なんでも今日の積み重ね、一歩一歩の積み重ねです。「夢を実現するために、何をするか」を考えることも大切ですが、「一歩前進するために、今日何をするか」を毎日考え、実行するほうが、夢がリアルに変わっていきます。夢に少しずつ近づいている実感があなたをハッピーにしてくれますよ!

Tip 118 人生をプラスに回転させる

あなたは、粘り強さを持っていますか？
粘り強いとは、諦めずに努力を続けられるということですが、これは人生をプラスに回転させる能力を磨いてくれます。

たとえば、頑張っても何も変わらない、進捗状況が悪いときというのは、視界が狭まり周囲が見えない状況に陥っています。間違ったレールを暴走し続けてしまいます。
そんなとき、粘り強い人は、「このやり方は合っているのか、本当にこれでいいのか」と疑問を持ちます。結果を出すために問題点を見つけ、軌道修正がかけられます。最悪な事態に見舞われても、軌道修正しながらいい状態に持っていこうとします。

一方、粘り強さがない人は、なんでも簡単に諦めたり中途半端に投げ出し、完結できず結果を出せません。何をやっても、大抵同じ結末です。

仕事も人生も同じです。**自分のしていることに疑問を持ち、軌道修正する。**このプロセスが、あなたの人生をいつもプラスに回転させていきます。

Tip 119 幸せな人生と責任感

責任感のある人は魅力的です。自分の言動に責任を持ち、自己責任で生きている。その人が男であれ女であれ、惚れ惚れするものです。

「責任感」があるとは、どんな人でしょうか。

- **約束を守る、小さな約束こそ守る、自分との約束は絶対守る**
- **何事にも誠意を持って対応する**
- **途中で投げ出さない、最後まで頑張る**
- **言い訳をしない**

・自分を信じる
・他人を尊重する

たくさん出てきますが、共通することは「誰にでも何にでも、素直な心で誠意を尽くす」です。

「責任感」のある人には目には見えない、他者からの信頼が集まっています。

あなたが窮地に立たされたとき、あなたを信頼してくれている人たちが、手を差し伸べてくれたり、ヒントやアドバイスを与えてくれます。かけがえのないことですよね。

幸せな人生と責任感はつながっています。

Tip 120 不安のうしろにあるもの

あなたは将来への不安がありますか？

たとえば、結婚、出産、貯金、仕事、年金、老後、健康など、未来に不安を感じ、心が沈み、元気が出ないという人が多くいます。

ローマ帝国の哲学者、セネカの素敵な言葉があります。

「およそ惨めなものは、
将来のことを不安に思って、
不幸にならない前に不幸になっている心です」

私はこの言葉の意味を「不安のうしろにある幸せを忘れてはダメですよ」と解釈しています。

今答えの出ないことを考えるよりも、答えの出ることを考えましょう。

たとえば、将来の生活に不安を感じるとしたら、将来に向けて今から貯蓄をスタートすることを考えましょう。10年、20年、30年という長いスパンでの貯蓄はどれがいいかを調べてみましょう。すると順調に貯まっていく様子が浮かび安心できます。そして実行していきましょう。

このように、**今できることを考え実行することで、漠然とした将来への不安が緩和されていきます**。不安な気持ちを誰かに聞いてもらうよりも効果抜群です！

不安に押しつぶされると人生は停滞します。たった一度の人生、元気に楽しく過ごしていたいですよね。不安を払いのけるために、今できることは、必ずあります。不安なことを考えるよりも、今できることは何なのかを考えるほうが遙かに自分のためになります。

曲がり角の向こうには、不安的中が待っているなどと怯《おび》え心配するよりも、どんな幸せが待っているのかワクワクしながら生きていきましょう！

Tip 121 失敗があるから花が咲く

「何があっても自分を信じて頑張れる人が羨ましい。私もそんなふうになりたい！」と思ったときがそのときです。あなたのとらえ方次第で、今すぐそうなれます。

いつも自分を信じている人は、失敗をしたことがない人ではありません。誰よりも失敗を重ね、そこから学び、気づき、成長につなげてきた人です。あなたと同じく、「人生最悪」を何度も経験してきた人なのです。

失敗してもネガティブにならないのは**「一つの失敗は、自分を一つ賢くしてくれる」**ことを知っているからです。自分を信じる力というのは、失敗を重ね、越えていくことで強くなっていきます。

たとえば、強い人は、最初から強いわけではありません。自分の弱さを知っているから、強くなろうとするのですね。自分は弱いからもうダメだと悲観的になったら、そこで終わりです。弱さに気づいた後にどうするかが大切なのです。

自信のある人も同じです。最初から自信があるわけではありません。自分を信じるために必要なのは、成功ではなく失敗のほうです。失敗を重ねながら、そこから学び、小さな成功を実現する。そして、この小さな成功が積み重なり、美しい花を咲かせます。

おわりに

誰の人生にも「人生最大のピンチ」があります。しかし、そう感じるのは壁に激突したときだけで、越えてみると「ピンチ」は「自信」に変わります。

私はこの本の執筆の最中、これぞ本当の「人生最大のピンチ」に見舞われました。右手を骨折し、ギプスをはめることになってしまったのです。右手は人差し指だけがかろうじて使えますが、ギプスの厚みでパソコンのキーボードを叩くことが困難でした。そこで、左手だけで原稿を書くことになりました。

私は原稿を期日までに完成させるのは無理ではないかと不安になったりせず、いつもポジティブにワクワクして原稿を書き進めました。すると左手だけでスムースに書けるようになったのです。そして、やればできるという自信にもつながりました。

この壁を乗り越える力を与えてくださったのは、みなさまです。今回で6冊目となるニューヨークシリーズを楽しみにしてくださっているみなさまへ、本書を届けたい一心で書き上げることができました。ありがとうございます。

人生に壁や試練は幾度となく訪れますが、それは成長のために存在し、必要なことなのですよね。楽しみながら笑顔で乗り越えて参りましょう！

最後に、いつも応援してくれる私の父と母、そして、本書を一緒に作り上げてくださった㈱宝島社の大渕薫子さん、本当にありがとうございました。

また、本書を最後までお読みくださったみなさま、いつも私や「Erica in Style」を応援してくださっているみなさまに、心からの感謝を込めて。

2016年　秋　ニューヨークにて　　エリカ

エリカ　Erica Miyasaka

Founder & CEO ／ Erica in Style, Inc.

世界一生きるのが難しい街と言われるニューヨークで、夢の実現に向け、強く美しく、男よりも男前に生きる女性起業家。日系、外資系企業にてビジネスの土台を築き、ボストンに留学。2003年に単身ニューヨークへ。ファッションコンサルタントのパートナーとして、ファッションと経営の仕事に携わりながら、自分らしく、自分の人生を生きる大切さを学ぶ。2010年、ニューヨークで起業。「Erica in Style, Inc.」を設立。世界にただひとつの楽ちんなはき心地、新機能レッグウエアを開発、日米にて意匠権3つを取得。構想から素材探し・製造・流通まですべて自ら行い、グローバル展開を果たす。日本展開では、一人で高島屋の門を叩き、商談成立へ。高島屋のセレクトショップ「STYLE & EDIT」全国6店舗（日本橋・新宿・玉川・名古屋・大阪・京都 *2016年3月現在）にて取り扱い中。今までの経験を活かし、ファッションのみならず、ビジネスコンサルタントとしても活躍中。著書にベストセラーとなった『ニューヨークの女性の「強く美しく」生きる方法』『ニューヨークの女性の「自分を信じて輝く」方法』（以上、大和書房）、『ニューヨーク流　本物の美の磨き方』（KADOKAWA）、『ニューヨークで学んだ「私を動かす」47の言葉』（宝島社）、『「自分を変える」には2週間しかいらない』（河出書房新社）がある。

☆ブログ ニューヨーク「美しい人」が大切にしている事
http://ameblo.jp/ericainstyle
☆フェイスブック
https://www.facebook.com/erica.miyasaka

ニューヨークで学んだ「人生を楽しむ」121のヒント

2016年11月9日　第1刷発行
著者　エリカ
発行人　蓮見清一
発行所　株式会社宝島社
〒102-8388　東京都千代田区一番町25番地
編集　03-3239-0926
営業　03-3234-4621
http://tkj.jp
印刷・製本　株式会社光邦

ISBN 978-4-8002-6156-4